En vez de ver la tele...

Anna Huete

Recursos para reducir al máximo el uso de la televisión

En vez de
ver la tele...

Trucos e ideas para que los niños
aprendan jugando

OCEANO AMBAR

En vez de ver la tele
© Anna Huete, 2005

Ilustraciones del interior: Virgili
Cubierta: P&M

© **Editorial Océano, S.L., 2005**
GRUPO OCÉANO
Milanesat, 21-23 – 08017 Barcelona
Tel.: 93 280 20 20* – Fax: 93 203 17 91
www.oceano.com

Derechos exclusivos de edición en español
para todos los países del mundo.

Queda rigurosamente prohibida, sin la autorización escrita de los titulares
del copyright, bajo las sanciones establecidas en las leyes, la reproducción
parcial o total de esta obra por cualquier medio o procedimiento,
comprendidos la reprografía y el tratamiento informático, así como
la distribución de ejemplares mediante alquiler o préstamo público.

ISBN: 84-7556-386-4
Depósito Legal: B-46505-XLVIII
Impreso en España - *Printed in Spain*

9001786011005

Índice

Introducción

Es domingo por la mañana, la semana ha sido muy dura pero mi pequeña «fiera» ha decidido que hoy también quiere madrugar. Así que a las ocho ya he acabado de desayunar y he empezado a rendirme ante la evidencia de que más vale hacer algo de trabajo en la casa mientras el pequeño se entretiene con alguno de sus juguetes. Pero la tregua dura muy poco y mientras intento recoger la cocina y poner una lavadora, mi niño empieza a deambular a mi alrededor sin saber qué hacer, tocándolo todo y desordenando lo que acabo de recoger. Está aburrido y me pide ver la tele. Pero mis principios como madre, que quiere lo mejor para su hijo, no me lo permiten y le animo a jugar con la innumerable lista de juguetes que tiene en su habitación. Sin embargo, mi pequeño no accede al trato y empieza a ponerse rebelde. Es muy temprano y la tentación, como otras veces, es enorme. Sé que con sólo apretar un botón le tendré inmóvil y en silencio durante un buen rato, y podré disfrutar de una mañana de domingo plácida. Él también sabe que lo sé, y por eso insiste sin descanso. La televisión en esta ocasión sería la niñera perfecta...

Seguro que esta escena te resulta familiar y que no hace falta que te expliquemos el final de la historia, ¿verdad? Pero ¿qué te parece si lo cambiamos por otro en el que el niño descubre otras maneras de entretenerse sin tener que recurrir a la televisión?

En las páginas que siguen vamos a proponerte un montón, hasta 99, de alternativas divertidas y didácticas que van a permitir que tú disfrutes de buenos ratos en compañía de tu hijo e, incluso, de que el pequeño descubra el gran placer de entretenerse solo.

Vale la pena, ¿no crees?

Los últimos estudios revelan que los niños y niñas españoles pasan más de tres horas diarias (218 minutos) delante del televisor. Aunque este medio de comunicación es una pantalla que se abre al mundo y aporta muchas cosas buenas, no cabe duda de que es tarea de los padres controlar el consumo que sus hijos hacen de la televisión y, sobre todo, promover un uso racional. Diversos estudios han demostrado que los niños deben estar sólo 30 minutos al día frente al televisor. Si se sobrepasa este tiempo aumenta el riesgo de obesidad y de pequeños trastornos de comportamiento. No hay que olvidar tampoco que es necesario sentarse al menos a un metro y medio del aparato para evitar problemas de visión.

Ver la tele es una actividad pasiva. El niño se sienta, está quieto y casi mudo frente a una gran fuente de estímulos visuales. No corre, no se mueve y no se relaciona con otros niños, algo esencial durante los primeros años de su vida.

Y, además, la televisión no es la única tentación. En las últimas décadas han aparecido lo que se denominan «nuevas pantallas», como el ordenador y las videoconsolas. Estos productos han modificado los hábitos de juego y ocio de nuestros hijos, y algún adulto que otro. Una de las primeras consecuencias obvias que ha producido esta nueva forma de entretenimiento ha sido el aumento alarmante de la obesidad infantil, pero tiene otros efectos menos visibles, aunque igual de indeseables, como falta de comunicación entre los niños y entre padres e hijos, poca imaginación o dificultades de concentración. El resultado es un niño pasivo, e incluso solitario y poco creativo, que pasa horas y horas delante de un ordenador o de la televisión.

Aunque no te lo parezca, tu propia casa es una fuente inagotable de recursos de ocio para compartir. Es nuestra obligación como padres esforzarnos por cultivar con nuestros hijos de forma habitual aficiones que se realizan en casa y que son una verdadera alternativa al consumo televiso. Todo ello ayuda a impedir que se recurra a la televisión por pereza, inercia o por la comodidad de los progenitores. Y es que muchas veces somos los propios padres quienes promovemos su uso excesivo al utilizarla como el único objeto de entretenimiento.

Sin embargo, ahora ya no tienes excusa. Te proponemos 99 actividades de entretenimiento tan divertidas que no te acordarás de poner la televisión y, lo que es más importante, tus hijos tampoco. Si tus niños tienen entre cuatro y diez años encontrarán en este tipo de actividades su principal fuente de desarrollo y diversión. Toma buena nota, ¡y diviértete viendo cómo disfrutan, crecen y aprenden!

¿Cómo ver la tele?

Inevitablemente, la tele se ha convertido en algo habitual e imprescindible en la mayoría de los hogares. Los niños se habitúan a ella desde muy temprana edad y, a veces, pasan demasiadas horas frente a ella. ¿Puede perjudicarles verla cuando son pequeños? Esta pregunta se la han planteado pedagogos y psicólogos de todo el mundo y la respuesta ha sido casi unánime: la tele en sí no es buena o mala, todo depende del uso que se haga de ella.

Aunque puede parecer que la televisión es una amenaza para la educación de nuestros hijos, en realidad es el uso indiscriminado e ilimitado que se hace de ella. Mirar la televisión es uno de los pasatiempos más importantes y de mayor influencia en la vida de niños y adolescentes. Y, mientras que puede entretener, informar y acompañar a los niños, también puede influenciarlos de manera indeseable. De los cuatro a los cinco años de edad, los niños establecen hábitos permanentes y características emocionales, a través de la imitación y la identificación. La imitación es consciente, pero la identificación es inconsciente y ocurre por la adopción de pautas de conducta y actitudes de personas significativas para ellos.

Por esa razón, es necesario estar atentos a los efectos que la televisión pueda tener en el niño, sobre todo en lo referente a contenidos violentos. Las escenas violentas pueden generar conductas agresivas en los niños, por el simple hecho de aprenderlas e imitarlas. Si los padres están de acuerdo con que sus hijos vean la televisión, primero deben estar seguros de que tengan experiencias positivas con la tele.

Por otro lado, el tiempo que un niño pasa frente al televisor va en detrimento de otras actividades importantes como la lectura, el trabajo escolar, el juego, la interacción con la familia y el desarrollo social. Además, a través de la televisión, los niños pueden aprender cosas que no son apropiadas ni correctas, ya que muchas veces no saben diferenciar entre la fantasía que les presenta y la realidad. Están bajo la influencia de los miles de anuncios publicitarios que ven al año, muchos de los cuales son de bebidas alcohólicas, alimentos poco saludables, comida rápida y juguetes. Por otra parte, la exagerada representación de imágenes corporales «perfectas» puede contribuir al problema de la anorexia nerviosa, sobre todo en adolescentes, debido a la ansiedad que provoca. Si un niño con sobrepeso aprende en la tele lo importante que es mantener la forma de una manera exagerada, va a desarrollar complejos y consecuentemente seguirá los consejos y las dietas que digan en la tele, aparte de los valores erróneos que le estará asimilando.

Y por si todo eso fuera poco, la televisión también expone a los niños a tipos de comportamiento y actitudes difíciles de comprender, como la violencia, la sexualidad, los estereotipos de raza y género, y el abuso de las drogas y el alcohol. Los niños y adolescentes impresionables pueden asumir que eso que ven en la televisión es lo normal, y que es seguro y aceptable.

Por último, los hechos demuestran que los niños que miran demasiada televisión tienen mayor riesgo de sacar malas notas, leer menos, hacer menos ejercicio y hablar menos con los otros miembros de la familia. Son demasiados «menos» juntos como para no tenerlos en cuenta.

Sin embargo, ver la televisión con tus hijos puede resultar una experiencia beneficiosa para todos, aunque pueda no parecerlo por todo lo expuesto anteriormente. Existen en la programación de todas las cadenas televisivas espacios dedicados a los más pequeños, documentales, películas y programas de manualidades que resultan muy entretenidos, y despiertan la imaginación y la creatividad. Vosotros, los padres, podéis ayudar a vuestros hijos a tener experiencias positivas con la televisión viendo esos programas con vuestros hijos. No obstante, conviene que escojáis los más apropiados para el nivel de desarrollo del pequeño, pongáis límites al tiempo que pasan los niños ante la televisión, no la veáis durante las horas de las comidas y del tiempo de estudio, y no permitáis que vean los programas que no os parezcan apropiados para ellos.

Además de impedir a los niños que vean la televisión durante horas seguidas, también podéis estimular las discusiones con ellos sobre lo que están viendo en la pantalla cuando veis un programa juntos, señalarles los comportamientos positivos como la cooperación, la amistad y el interés por los otros. Otra posibilidad que os ofrece ver juntos la tele es hacer conexiones con la historia, libros, lugares de interés y eventos personales, hablarles de los valores personales y familiares y de cómo se relacionan con lo que están viendo en el programa, o pedir a los niños que comparen los contenidos con algunos sucesos reales.

También podéis enseñarles a tener una visión crítica sobre lo que estáis mirando porque podéis hacerles saber las verdaderas consecuencias de la violencia a partir de algunas imágenes de determinadas películas. O también discutir con ellos sobre el papel de la publicidad y su influencia en lo que se compra.

Como veis, con la orientación apropiada, el niño puede aprender a usar la televisión de una manera saludable y positiva, y sacar provecho de un medio omnipresente en todas las casas. Sin embargo, nunca debéis olvidaros de estimular a vuestros hijos para que se rodeen de pasatiempos, deportes y amigos de su misma edad. La solución ideal reside, como siempre, en el equilibrio.

Cómo prevenir la adicción a la televisión

■ **Fomenta la recreación activa.** Trata de que su hijo se interese en los deportes, los juegos, las manualidades y la música. De cuando en cuando, apaga la televisión y sal a caminar o juega con tu hijo.

■ **Léele a tus hijos.** Comienza a leer a tus hijos desde que tengan un año de edad y anímalos a que lean por su cuenta cuando crezcan. Algunos padres permiten un tiempo de televisión o videojuegos equivalente al que pasan leyendo. Ayúdales a mejorar sus aptitudes para conversar, pasando más tiempo charlando con ellos.

Limita el tiempo para ver la televisión a dos horas al día o menos. Una alternativa es limitar la televisión a una hora las noches de los días de escuela y a dos o tres horas al día los fines de semana. Puedes permitirles más tiempo cuando haya algún programa educativo especial.

No es una distracción. No uses la televisión como distracción o como niñera en los niños de edad preescolar. La televisión para los niños de edad preescolar debe limitarse a programas especiales producidos para niños pequeños. Como la diferencia entre la fantasía y la realidad en esta edad no es clara, los programas normales pueden provocar miedos.

Primero los deberes. Si al niño le va mal en la escuela, limita el tiempo de televisión a media hora al día. Establece la regla de que el niño debe terminar primero los deberes y sus obligaciones en casa antes de ver la tele. Si su programa favorito se transmite antes de terminar la tarea, puedes grabárselo para que lo vea más tarde.

A la cama puntual. Establece la hora de dormir sin que se altere por algún programa que pueda interesarle a tu hijo. Los niños a quienes se les permite estar despiertos hasta tarde viendo la televisión normalmente están muy cansados al día siguiente para estar atentos y receptivos con lo que se les enseña en la escuela. No permitas de ninguna manera que tu hijo tenga un televisor en su habitación, porque esto limita el control que tienes sobre el tiempo que pasa viéndola.

Apaga la televisión durante las comidas. El tiempo de la familia es demasiado valioso para desperdiciarlo en programas de televisión. Además, no uses siempre la tele como música de fondo en tu casa. Si no te gusta una casa en silencio, intenta escuchar música sin letra.

▪ **Enséñale a elegir los programas con discernimiento.** Enciende la televisión solamente para ver programas específicos. No lo hagas al azar para luego buscar algún programa interesante. Enséñale a su hijo a consultar la guía de programación antes de encender la televisión.

▪ **Enséñale a apagar la televisión cuando termine un programa.** Si la televisión permanece encendida, tu hijo probablemente se interesará en el programa siguiente y entonces le resultará más difícil despegarse de la televisión.

▪ **Estimula a tu hijo para que vea programas educativos** o que enseñen los valores humanos. Estimúlalo para que vea documentales o dramas de la vida real. Utiliza los programas acerca del amor, el sexo, las disputas familiares, el alcoholismo y las drogas como una forma de iniciar las discusiones familiares sobre estos temas difíciles.

▪ **Prohíbe los programas violentos.** Esto significa que debes saber lo que tu hijo está viendo y apagar el televisor si a ti no te parece que el programa sea bueno. Esto también puede incluir los informativos diarios.
Haz listas por separado de los programas que son adecuados para que los vean los niños pequeños y para los niños más grandes. Haz responsables a los niños más grandes de mantener a los más pequeños fuera de la sala donde está la televisión cuando ellos vean programas no permitidos para los más pequeños. Si no lo cumplen, se debe cambiar de canal.
Si permites que tu hijo vea programas que muestran violencia, háblale sobre las consecuencias de la misma.
Señálale la forma en que la violencia perjudica a la víctima y a la familia de la víctima. Si tu hijo está perturbado por un programa que ha visto, asegúrate de hablar sobre el mismo con el niño.

▪ **Discute los anuncios con tus hijos.** Ayúdales a identificar los anuncios con alto grado de presión para impulsar las ventas y las aseveraciones exageradas. Si tu hijo quiere un juguete basado en un personaje de la televisión, pregúntale cómo lo va a usar en casa. La respuesta probablemente te convencerá que el juguete servirá para hacer crecer la colección más que para convertirse en un catalizador para el juego activo.

■ **Explica las diferencias entre la realidad y la fantasía.** Este tipo de clarificación puede ayudar a que tu hijo disfrute de un programa y, sin embargo, comprenda que lo que está sucediendo en la tele podría no pasar en la vida real.

■ **Sirve de ejemplo.** Si pasas mucho tiempo viendo la televisión, puedes tener la seguridad de que tu hijo hará lo mismo. Además, el tipo de programas que veas envían un mensaje muy claro a tu hijo.

Jugar es tan divertido

Es posible que tu experiencia hasta hoy te haga creer que a tus pequeños no les gusta otra cosa que la televisión y los videojuegos. Pero a tus hijos, como a todos los niños, les encanta jugar, y además necesitan hacerlo para tener otras experiencias que les ayuden a aprender y desarrollarse intelectualmente.

Y cuando te hablamos de jugar no nos referimos a juguetes caros o a parques de atracciones, sino a ayudarles a explorar a su alrededor y de acompañarles en esa expedición mientras tú te dedicas a las tareas de cada día. Los niños se pueden divertir mucho compartiendo cosas muy simples con los padres.

Aunque pueda parecer una exageración, casi cualquier objeto de los que nos rodean en casa o en el parque puede utilizarse para jugar. En la actualidad, todos los juguetes vienen montados y empaquetados, listos ya para su consumo. Pero resulta mucho más divertido, y creativo, encontrar juguetes donde no parece haberlos o realizarlos con nuestras propias manos. Así conseguimos que la creación del juguete ya forme parte del momento lúdico que compartes con tus hijos.

Por ejemplo, hacer una pelota. Ya sabemos que son muy pocos los niños que se resisten a jugar cuando aparece en escena un balón. Pero todavía puede resultar más divertido incitarles a buscar papeles o trapos por casa, darles forma y encintarlos con precinto adhesivo. Con ello consiguen tener una pelota poco consistente ideal para poder jugar dentro de casa y habrán dedicado un buen rato a elaborarla. Habrás conseguido que el tiempo dedicado al juego aumente y también que se convierta en un momento creativo.

Otro ejemplo que nos puede ayudar es el de las cajas de cartón. Cuántas veces no habrás comprobado sorprendida que tu hijo juega más con la caja que contiene el juguete preferido de su cumpleaños que con el propio juguete, ¡o incluso con la etiqueta del mismo! Y es que las cajas abren todo un mundo de posibilidades, desde un trineo improvisado tirado de una cuerda hasta una casa de muñecas o un teatro. Y si la caja es de la nevera que acabas de comprar, la imaginación se desborda y el juego ocupa varias tardes seguidas.

Y otro gran aliado de los buenos ratos es la imaginación. No hay nada tan rico y tan desaprovechado en algunas ocasiones. Jugar a chutar y pasarse una pelota imaginaria, por ejemplo, os ayudará a ejercitar la musculatura y a reíros de lo lindo. Y todo, simplemente, gracias a vuestra imaginación.

En las páginas que siguen encontrarás manualidades, juegos para practicar dentro de casa, recetas sencillas de cocina y apasionantes experimentos de ciencias para que tus hijos y sus amigos se queden boquiabiertos. Retos fáciles que te abren 99 posibilidades diferentes a ver la tele. ¿A qué estás esperando?

Nuestra tarea como padres requiere dedicación y sacrificio, pero no siempre es un cometido árido o difícil. El ocio de nuestros hijos es un recurso ideal para poder enseñarles valores como la generosidad, la honestidad o el respeto a los demás, por no mencionar que potencia sus habilidades manuales y su creatividad.

En esta divertida faceta educadora resultan de gran ayuda los juegos de mesa a los que hemos dedicado tantas horas en nuestra infancia. Nos referimos al parchís, las cartas, el juego de la oca, jugar a los barquitos, las damas o el ajedrez. Puedes enseñarles cómo jugabas y compartir con ellos un buen rato de diversión.

La cocina también te proporciona la posibilidad de entretener a tus hijos de una forma muy sabrosa. Con tu ayuda podrán elaborar sencillas recetas y descubrir el placer de regalar a sus seres queridos, y a ellos mismos, deliciosos platos y dulces postres.

Manualidades muy sencillas

Tortugas de nogal

Las nueces están deliciosas y son muy saludables, pero además también pueden reciclarse y convertirse en una graciosa tortuga. Los pasos son muy sencillos y tu hijo pasará ratos muy entretenidos con ellas.

- **Edad:** de 6 a 10 años
- **Número de participantes:** a partir de uno
- **Espacio:** cualquiera
- **Materiales:**
  - pastelinas de colores
  - cáscaras de varias nueces
  - alfileres de aguja corta (de mural)
- **Método:** Ayuda a tu hijo a partir la nuez en dos, de manera que las cáscaras sean simétricas y perfectas. Después debe vaciar la cáscara y rellenarla completamente de pastelina. Con ello, obtendrá el cuerpo de este popular quelonio y la base desde la que trabajar para conseguir estas graciosas tortugas.

A continuación, y con el mismo color de pastelina con el que ha hecho la barriga del animal, debe hacer las patitas y la cabeza con diferentes bolas, cuatro pequeñas y una más grande. Luego, con un color diferente debe hacer dos pequeñas bolas para los ojos y un pequeño cilindro para la boca. También puede conseguir el efecto de los ojos con los alfileres de punta corta. A la cabeza debe moldearle en un lado el cuello con el que se unirá al caparazón. Además, también debe hacer la cola. Una vez que tenga todas las partes que sobresalen del caparazón de la tortuga sólo le queda pegarlas entre ellas. Y ya está. Así que no tiréis las cáscaras de nuez. Con ellas se puede hacer toda una familia de tortugas, o crear caracoles y dinosaurios.

El dibujo ciego

A todos los niños les gusta dibujar, eso es evidente. Pero lo que parece difícil es añadirle al hecho de dibujar un aliciente que lo convierta en juego. Eso es justamente lo que te proponemos en este dibujo ciego.

- **Edad:** de 6 a 10 años
- **Número de participantes:** a partir de uno
- **Espacio:** cualquiera
- **Materiales:**
  - lápiz
  - papel, mejor de tamaño grande
  - pañuelo para tapar los ojos
- **Método:** Pídele a tu hijo que se siente a su escritorio o a una mesa. Muéstrale la hoja en la que dibujará, y el lápiz o rotulador que va a utilizar. Pacta con

él antes de empezar qué objeto o animal quiere dibujar y, a continuación, véndale los ojos con el pañuelo.

El niño debe intentar dibujar lo mejor posible el animal u objeto que habéis pactado y luego reírse del resultado.

Variante: Pueden participar más jugadores. Entonces, conviene decir al oído el animal que dibujará y después mostrar todos los dibujos a los participantes para que intenten adivinar qué se ha querido dibujar en cada caso.

Personajes extraños

Recortar y pegar es una diversión de toda la vida, pero re-crear personajes combinando diversos elementos de diferentes seres, animales o cosas es todo un desafío al que no se suelen resistir los niños. En cuanto les propongas la idea se pondrán manos a la obra.

- **Edad:** de 5 a 10 años
- **Número de participantes:** a partir de uno
- **Espacio:** cualquiera
- **Materiales:**
  - revistas viejas
  - colores
  - papel o cartulina
  - tijeras de punta redonda
  - pegamento
  - lana de colores
  - algodón
- **Método:** Aunque a los niños les encanta recortar animales y personajes de las revistas, hay actividades que todavía pueden incrementar el placer de darle tijeretazos a los números atrasados de la prensa del corazón o el periódico.

La idea es crear personajes extraños combinando partes de diferentes personas o animales. Por ejemplo, puede pintar en un papel un dinosaurio y ponerle la cabeza de un famoso actor de cine, o recortar la figura de una cotizada actriz y añadirle los pies de un astronauta y la cabeza de un barbudo gobernante. Además, puede personalizar el resultado pegando unas hebras de lana para ponerle una larga cabellera a algún ilustre calvo o una barba de algodón al morro de un caballo.

En cualquier combinación los resultados suelen ser hilarantes y los niños no se suelen conformar con una sola «creación», lo que les proporciona un buen rato de entretenimiento mientras lo confeccionan y cuando lo comentan contigo o con su padre al llegar del trabajo.

Calendario

Cada navidad llegan a casa varios calendarios que no solemos utilizar. Con un poco de imaginación tu hijo puede personalizar uno para que os sirva de guía en los eventos familiares como santos, cumpleaños y aniversarios de boda. También puede ayudaros a planificar las excursiones de la escuela o las actividades extraescolares.

- **Edad:** de 7 a 11 años
- **Número de participantes:** a partir de uno
- **Espacio:** cualquiera
- **Materiales:**
  - un calendario con cuadrícula de días
  - rotuladores de colores
  - etiquetas blancas
- **Método:** Para realizar esta manualidad necesitáis un calendario con una cuadrícula un poco grande para que os quepan después las etiquetas con las indicaciones. Una vez escogido, pídele a tu hijo que dibuje en las etiquetas tantos pasteles de cumpleaños como componentes de la familia seáis. Debe hacer lo mismo con todos los eventos que deseéis marcar: una mochila o un autocar

para las excursiones, un regalo para los santos, una pelota de playa o una sombrilla para las vacaciones de verano, una cabeza de Papa Noel para Navidad... Cuando tenga hechas las etiquetas, ayúdale a recorrer los meses del año que está a punto de empezar e indícale en qué días debe pegar las etiquetas. Si tenéis rotuladores indelebles puede dibujar directamente sobre el calendario. Pídele que escriba también el nombre del homenajeado para identificar bien el aniversario o el cumpleaños. Seguro que cada página que arranquéis mientras transcurre el año será motivo para recordar aquella divertida tarde de invierno que pasasteis los dos personalizando el calendario.

Dibujos de periódico

Con esta manualidad los niños se entretienen utilizando materiales que normalmente no se emplean para crear dibujos o murales. Así aprenden a observar su entorno para encontrar materiales creativos y aprenden a reciclar objetos.

- **Edad:** de 8 a 10 años
- **Número de participantes:** a partir de uno
- **Espacio:** cualquiera
- **Materiales:**
  - cartulina de color oscuro
  - papel de periódico
  - lápiz
  - tijeras de punta redonda
  - pegamento
- **Método:** En esta manualidad se consiguen resultados sorprendentes con algo que a primera vista no parece nada artístico, como es el papel de periódico. Tu hijo debe pensar en siluetas fáciles de recortar, como montañas, casas, aviones, nubes, etcétera, y dibujarlas con el lápiz en la hoja del periódico. A continuación, la recorta y la distribuye en la cartulina de color oscuro. Luego las pega y así obtendrá una sorprendente combinación con materiales sencillos que siempre andan por casa.

Casa con ventanas

A los niños les encanta pintar, pegar, recortar... Pueden pasarse horas enteras. Pero, a veces, se les acaban las ideas y aparece la temida frase de «Me aburro». La idea que te proponemos a continuación aprovecha ese gusto por las manualidades pero con un resultado diferente y muy vistoso. Seguro que tu hijo estará muy contento de haber creado su casa con ventanas como las de verdad.

- **Edad:** de 7 a 11 años
- **Número de participantes:** a partir de uno
- **Espacio:** cualquiera
- **Materiales:**
  - punzón
  - cartulina
  - lápiz
  - papel de celofán azul claro
  - tijeras de punta redonda
  - pegamento
  - rotuladores o lápices de colores
  - regla
- **Método:** Tu hijo podrá crear una casa con ventanas y una puerta que se abre. Es muy sencillo. Tan sólo debe dibujar la fachada de la casa en la cartulina y, con la ayuda de un punzón o de un lápiz afilado, reseguir las líneas de las ventanas y la puerta de entrada clavándolo para hacer agujeros muy juntos. Al final, la cartulina se romperá por la línea de puntos (puede ayudarse con la tijera) y permitirá abrir ventanas y puerta. Para conseguir un doblado más limpio, pídele que coloque la regla en la ínea de bisagras y que doble entonces las hojas de las ventanas y la puerta de entrada.
  Una vez realizado esto, puede realizar una nueva «línea de corte» por dentro de las ventanas. Cuando ya haya «vaciado» el cuadrado del cristal, puede pegar por la parte posterior un cuadrado de papel de celofán azul claro, o del color que prefiera, de la medida de la ventana. Con ello, conseguirá el efecto de ventana de cristal y se verá a través de ella.

A continuación puede dibujar en otra cartulina la silueta de la fachada y crear las habitaciones correspondientes con su mobiliario. Luego puede pegar la fachada por los bordes y así se verán las habitaciones a través de las ventanas cerradas.

Esta técnica también puede aplicarse a postales y otras manualidades que requieran transparencias.

Monstruo divertido

Te proponemos una manualidad que aprovecha las cajas de huevos de cartón que siempre tiramos y que pueden convertirse en divertidos monstruos de boca enorme. Cuando menos, siempre son una buena excusa para pasar un rato divertido y potenciar la creatividad de tu hijo.

- ▨ **Edad:** de 6 a 10 años
- ▨ **Número de participantes:** a partir de uno
- ▨ **Espacio:** cualquiera
- ▨ **Materiales:**
  - una huevera de cartón de media docena
  - pincel
  - pintura de colores
  - lana de colores
  - pegamento
- ▨ **Método:** Tras cubrir con periódicos viejos la zona en la que tu hijo va a hacer esta manualidad, dile que empiece por pintar completamente por dentro y por fuera la huevera del color que más le guste. Cuando se haya secado, debe pintar en la parte por la que se abre un ojo a cada lado con pintura blanca y la pupila en negro,

o en el color que prefiera. Puede hacerla muy expresiva con la ayuda de cejas, pestañas o lo que se le ocurra, desde que tengan forma de estrella hasta un ojo doble en cada lado. Para hacer el pelo de este monstruo hay un método muy sencillo. Debe hacer una madeja de lana atada por el centro y cortar las vueltas a cada lado. Así le quedará un nudo en medio y un montón de «pelos» despeinados a cada lado. Cuando tenga esta peluca, debe pegarla en la parte superior, encima de los ojos, y ya tendremos acabado este monstruo divertido. La boca es la misma caja que abre y cierra, y puede atrapar más de una mano curiosa que quiera desordenar su cabellera. Si quieres que resalte puede pintar los bordes en rojo y unos dientes en la parte inferior. El límite sólo está en su imaginación, como siempre.

Crear una cometa

La cometa es un juguete con más de tres mil años. Desde entonces, ha estado presente en los juegos infantiles, aunque la falta de espacios abiertos y de tiempo para dedicarlo a respirar al aire libre ha reducido su presencia a las playas en las tardes de verano. Sin embargo, es una actividad lúdica muy entretenida y aquí, además, te enseñamos a hacerla con vuestras propias manos.

- **Edad:** a partir de 5 años
- **Número de participantes:** a partir de uno
- **Espacio:** en casa y al aire libre
- **Materiales:**
  - una bolsa de plástico
  - 2 palos finos de madera o bambú o metal
  - cuerda
  - cinta adhesiva fuerte
  - cordel para cometas
  - una bobina o mango
  - pintura acrílica
  - un pincel

▨ **Método:** La elaboración es sencilla, aunque un poco laboriosa, así que debes ayudar a tu hijo siguiendo estos pasos:

De la bolsa plástica corta una forma aproximadamente cuadrada, siendo dos lados más grandes que los otros dos. Corta los palos del mismo tamaño que la cometa. Cruza los palos y átalos en el centro. Con eso, se hace la base, es decir, la estructura de la cometa.

Hecha la estructura, pégala con cinta adhesiva en la cometa. Da la vuelta a la cometa y pon un trozo de cinta adhesiva justo en la cruz de la estructura. De esta forma el plástico estará protegido para cuando pases el cordel. Enseguida, corta un trozo de cordel para cometas, el doble de tamaño que la altura de la cometa. Cose o pasa un extremo del cordel por la parte frontal de la cometa y enrolla varias veces el centro de la estructura y vuelve a pasarlo por delante. Ata fuertemente. Esto es la brida.

Dale la vuelta a la cometa. Pasa el otro extremo del cordel por la parte inferior de la cometa y estira con cuidado hasta que quede tenso. Ata el cordel volador a la brida, un poco más arriba del centro, ajustándolo cuando pruebes la cometa.

Ahora decora la cometa. Puedes usar agua con detergente para que la pintura se seque mejor en el plástico. Entonces haz la cola. La cola es lo que da estabilidad a la cometa. Haz una con plástico, cinco veces la altura de la cometa.

Ahora sólo os queda buscar un momento libre en un día con viento para escaparos a un parque grande, la playa o cualquier espacio libre que os quede cerca para poner a prueba vuestra fantástica cometa.

Advertencia: Antes de hacer una cometa es muy importante hablar con nuestro hijo acerca de cómo y dónde la haremos volar después. Es necesario que consideremos algunas reglas básicas:

▪ Jamás debe volarse una cometa cerca de postes y líneas de electricidad.
▪ No deben utilizarse materiales o cordones de metal en la cometa. Eso podría atraer la electricidad.

- Conviene usar hilo de pescar o hilo especial para cometas.
- No uséis la cometa en días de lluvia. El cordón mojado puede atraer la electricidad.
- En el caso de que la cometa se quede atrapada en un árbol o poste, es mejor dejarla allí y no intentar atraparla. Subirse a lugares muy altos es peligroso.
- La cometa se vuela en lugares por donde no haya personas. Una caída descontrolada de tu cometa podría causar molestias a otras personas.
- la cometa no debe volarse cerca de carreteras; pues puede distraer la atención de los conductores.
- Tampoco debemos salir con ella cuando las condiciones climáticas son de tormenta.

El Sr. Césped

Esta actividad te servirá de excusa para explicarle a tu hijo cómo crece una planta. Se compone de varias fases. En la primera se transforma un huevo en un divertido macetero con una cara. Después se deben esperar unos días mientras crecen las semillas que tu hijo habrá plantado con toda su ilusión y, por último, al cabo de una semana tendrá una planta que cuidar y un divertido Sr. Césped que enseñar a sus amigos.

- **Edad:** a partir de cuatro años
- **Número de participantes:** a partir de uno
- **Espacio:** cualquiera
- **Materiales:**
  - cáscaras de huevo
  - tijeras de punta redonda
  - algodón
  - semillas de alpiste
  - témperas o rotuladores indelebles
- **Método:** Para poder realizar esta manualidad, debes quitarle la parte superior a un huevo y vaciarlo (puedes aprovechar el momento de cocinar la comida o la cena, cuando casques un huevo para rebozar o para freírlo).

Cuando decidas que tu hijo realiza la manualidad del Sr. Césped, dile que recorte con cuidado el borde de la cáscara con una tijera. Después, puede dibujarle, con las témperas o rotuladores indelebles, los ojos, la nariz, las orejas, la boca y, si quiere, bigotes al Sr. Césped y moños o coletas a la Sra. Planta.

Cuando ya tenga hecho el «macetero», debe rellenarlo con un poco de algodón, sin acabar de llenarlo totalmente. Encima del algodón, ayúdale a poner varias semillas, que deben quedar totalmente cubiertas por el algodón.

Ahora sólo queda regar y esperar un par de tardes. Mientras tanto, conviene que esté en un lugar luminoso y que le añada un poquito más de agua cada día. En una semana, la cáscara de huevo con la cara del Sr. Césped o la Sra. Planta habrá desarrollado una preciosa cabellera verde.

Disfraz de naipe

Hay muchas maneras de conseguir un disfraz efectivo, barato y lleno de imaginación. Aquí te proponemos uno de naipe muy fácil de hacer y que requiere pocos materiales. Seguro que les encantará tanto a tus hijos como a sus amigos y el próximo carnaval se disfrazan de baraja de cartas.

- **Edad:** de 8 a 12 años
- **Número de participantes:** a partir de uno
- **Espacio:** cualquiera
- **Materiales:**
  - papel de embalar
  - tijeras de punta redonda
  - lápices de cera
  - pincel
  - fijador
- **Método:** Debéis cortar un pedazo de papel de embalar que mida más o menos el doble que tu hijo. A continuación, lo dobláis por el centro y trazáis un semicírculo. Al recortarlo obtendréis el agujero por el que se «vestirá» tu

hijo el disfraz. Debéis tener en cuenta que tiene que ser lo suficientemente grande como para que le quepa al niño la cabeza.

Con los colores de cera podrá pintar el motivo de la carta que más le guste. Cuando lo tenga acabado, se pinta con fijador para que el papel de embalar adquiera un acabado brillante y los colores sean más vivos. Y ya está hecho el disfraz.

Caleidoscopio

Cuando nuestros hijos ya son preadolescentes es más difícil entretenerlos con juegos o manualidades, pero el caleidoscopio es un instrumento que atrae por la magia de los colores y las formas geométricas que se suceden. A buen seguro que les encantará la idea de construir uno y entender su funcionamiento. ¡Manos a la obra!

- **Edad:** de 9 a 11 años
- **Número de participantes:** a partir de uno
- **Espacio:** cualquiera
- **Materiales:**
  - tubo de cartón o plástico de 16 cm de largo y 5 cm de diámetro
  - espejos rectangulares (2 cm por 16 cm)
  - cinta adhesiva
  - tapa de cartón del diámetro del tubo (una, a la que se le hará un agujero por donde mirar)
  - 3 vidrios o plásticos transparentes, circulares, del diámetro del tubo (de una botella o de láminas de plástico)
  - papel semitransparente (papel encerado o de calcar)
  - papeles de colores (para decorar)
  - trocitos de plástico, cuentas de collar o lo que se te ocurra
  - tijeras

Nota: los espejos y círculos de vidrio los podéis conseguir en una cristalería (siempre tienen restos). Los círculos de plástico se fabrican con hojas de acetato, botellas o frascos de plástico. Dile a tu hijo que tenga cuidado con estos materiales; no debe presionarlos con fuerza o tocarlos mucho porque se puede cortar.

■ **Método:** Primero debe tomar los espejos y colocarlos uno al lado del otro (dejando un pequeño espacio entre ellos) y boca abajo sobre una mesa. Después, dile que coloque dos trozos de cinta adhesiva sobre los mismos y que dé la vuelta a los espejos.

A continuación, debe mover los espejos de manera que queden conformando un triángulo con la cara espejada hacia adentro (como una cajita triangular). Luego coloca el triángulo de espejos dentro del tubo de cartón, complementándolo con papel de diario para que no se mueva. Y pon uno de los círculos de plástico o vidrio en un extremo del tubo.

Después, debe hacer un agujerito en el medio de la tapa de cartón y pegarla sobre el vidrio (por este lado se observará lo que sucede dentro del calidoscopio). En el otro extremo, debe colocar otro círculo de vidrio. Y, sobre éste, poner alguna cuentas de collar o trocitos de plástico. Encima de las cuentas de colores, dile que ponga el último círculo de vidrio. Y, finalmente, que coloque encima de este círculo un trozo de papel de calcar. Como último toque artístico, puede pintar el tubo con adhesivo vinílico y luego pegarle papeles de color.

Y ya habrá acabado un bonito caleidoscopio. Ahora ya podrá mirar por el agujerito, apuntando el otro extremo hacia la luz. A medida que gire el tubo verá distintas formas geométricas de colores.

Arte con lápices de cera

Esta forma de crear dibujos es muy sencilla y original. Además, puede ayudarte a reciclar los trocitos de lápices de cera que siempre quedan y con los que no es posible pintar por su reducido tamaño. Aunque tu hijo te necesitará para el planchado del dibujo, el resto de la manualidad puede realizarla solo o en compañía de sus hermanos o amigos. Es una bonita forma de decorar tu nevera o el corcho de la pared del estudio.

- **Edad:** cualquiera
- **Número de participantes:** a partir de uno
- **Espacio:** cualquiera
- **Materiales:**
  - 2 hojas de papel cebolla del mismo tamaño
  - lápices de cera de diferentes colores
  - celo
  - un rallador viejo
  - una plancha
- **Método:** Dile al niño que coloque uno de los papeles encima de una superficie plana debidamente protegida con unos papeles de periódicos viejos o un hule. A continuación, debe tomar el rallador y, con cuidado, rallar los restos de lápices de cera de diferentes colores encima del papel.

  Una vez rallados los colores, pídele que los distribuya en la forma que desee. Puede hacerlo siguiendo un dibujo previo o dejar volar su imaginación y crear un diseño abstracto. Cuando el dibujo ya esté formado, debe poner la otra hoja de papel encima y fijarla con unos trozos de celo para que no se muevan las raspaduras.

  En esta parte de la manualidad es cuando entras tú, ya que debes conectar la plancha a temperatura baja y, cuando esté caliente, pasarla por encima de las hojas para conseguir que las raspaduras de cera se deshagan y peguen las dos superficies. El dibujo final es un bello trazado de colores que se difuminan y que, una vez frío, puede decorar cualquier pared de tu hogar o lugar de trabajo.

Cómic desordenado

A partir de la historia creada por el dibujante de un cómic o un tebeo, tu hijo puede dedicar un buen rato a recortar, pegar, discurrir y leer sin apenas darse cuenta de que pasa el tiempo. Tan sólo debes ayudarle un poquito y el resto corre de su cuenta. Si lo prefiere, siempre puede inventar su propio orden y crear un cómic disparatado con diálogos sin sentido y situaciones absurdas.

- **Edad:** de 5 a 10 años
- **Número de participantes:** cualquiera
- **Espacio:** cualquiera
- **Materiales:**
  - una revista de cómic o un tebeo
  - tijeras de punta redonda
  - pegamento
  - una hoja de bloc de dibujo o tipo mural (A3).
- **Método:** Pídele a tu hijo que escoja una historieta de un cómic o un tebeo que le guste y ayúdale a recortar las viñetas. A continuación, recorta tú las burbujas de los diálogos y resérvalos aparte.

Una vez vaciados de las conversaciones, entrégale a tu hijo las viñetas en un montón y proponle que las vaya pegando en la hoja en blanco siguiendo el orden original de la historia inicial.

Cuando haya reconstruido el orden de las viñetas, entrégale las burbujas de los diálogos para que las ordene y las pegue en el lugar correspondiente. Una vez finalizado este entretenido rompecabezas, pídele que te lea la historia final par comprobar si ha realizado el juego correctamente.

Móvil de angelitos

Cuando nuestros hijos son bebés les colgamos un juguete móvil sobre su cuna para tranquilizarlos y ayudarles a dormir. Cuando crecen, la atracción que este objeto tiene sobre ellos no se pierde, sino que todavía les encanta colgar alguno del techo de su habitación y pasarse largos ratos mirándolo. Este móvil que te proponemos tiene el añadido de que les entretiene también mientras lo confeccionan. Toda una ventaja.

- **Edad:** de 6 a 10 años
- **Número de participantes:** a partir de uno

■ **Espacio:** cualquiera
■ **Materiales:**
- papel resistente
- cartulina de colores
- pegamento
- tijeras de punta redonda
- lápiz
- pincel
- témperas
- hilos
- dos lápices o varillas de madera

■ **Método:** Aunque el motivo principal de este móvil son unos angelitos, tu hijo también puede escoger pavos reales, cisnes, ardillas o cualquier otro motivo. Cuando lo haya decidido, debe tomar las hojas de papel e irlas plegando como un acordeón. Conviene que marque fuertemente los pliegues, apretándolos con los dedos.

Una vez plegadas las hojas, debe doblar una de sus puntas en forma de gancho y pegarlas. Por la otra punta se podrán abrir, como un abanico.

Ahora, pídele que dibuje las siluetas de las figuras de ángeles que van a servir de base en las cartulinas de colores. Las debe recortar y combinar los diferentes abanicos con las siluetas. Luego, abre los abanicos recortados y los pega a las siluetas de cartulina. Para acabar las figuras, debe pintar los abanicos con colores y repasar en negro el perfil de las siluetas.

Para construir el móvil, debe colgar las siluetas en dos varillas o lápices formando una cruz y sujetarlas mediante un hilo de pescar o un cordel de color. Y para finalizar, debe unir las figuras a los cuatro extremos de la cruz. Y ya está listo para poderlo colgar en donde el niño prefiera.

Hojas decoradas

El otoño convierte las calles en alfombras de grandes hojas de platanero de bellos colores amarillos. Para nuestros pequeños artistas, esas hojas son una oportunidad para expresarse y crear bellas obras de arte. Con pocos materiales y mucha creatividad pueden hacer de una simple hoja, una bonita forma de decorar su habitación.

- **Edad**: de 3 a 10 años
- **Número de participantes:** a partir de uno
- **Espacio:** cualquiera
- **Materiales:**
  - hojas secas de buen tamaño
  - pincel
  - pintura
  - cuentas de colores
  - lentejuelas
  - legumbres
  - pegamento
- **Método:** Esta actividad empieza en la calle. Puedes aprovechar la vuelta del colegio o un paseo por el parque para que tu hijo recoja del suelo aquellas hojas secas de buen tamaño que más le gusten. Cuanto mayor sea la hoja, más fácil será decorarla.

Una vez en casa, pídele que limpie bien la hoja con un paño seco. Protege la zona de trabajo con periódicos viejos y ponle una bata a tu pequeño artista. A partir de ahí, sólo manda su imaginación. Puede pintarla de diferentes colores y, una vez seca la pintura, aplicar con pegamento y la ayuda de unas pinzas de las cejas cuentas de colores o lentejuelas. Si no tenéis por casa, también puede pegar lentejas o soja verde. Si no le gusta el color de la legumbre, puede pintarla previamente en diferentes tonos y componer luego los dibujos en la hoja a su gusto.

Collage artístico

Con pocos materiales y algo de tu ayuda, tu hijo puede confeccionar un collage de sus cosas de cada día que le divertirá hacer y enseñar. Podéis escoger un tema determinado o una época, como las vacaciones de Navidad o las colonias con el colegio.

- **Edad:** de 6 a 12 años
- **Número de participantes:** a partir de uno
- **Espacio:** cualquiera
- **Materiales:**
  - papel de estraza o cartulina
  - pegamento
- **Método:** Primero debe decidirse dónde irá colgado el *collage* para escoger el tamaño del papel de estraza o cartulina y de las cosas que se van a pegar en él. Una vez recortado, tu hijo puede ir pegando las cosas que le gusten, como fotografías o dibujos, o realizar una manualidad que le acompañe durante varios días. Por ejemplo, podéis escoger el tema de las vacaciones e ir pegando cada día lo que haya hecho: entrada al parque, tíquet de tren, concha de la playa, foto con los amigos, etcétera. Se puede pegar el papel en una de las paredes del lugar en el que estéis de vacaciones y añadir cada día algo nuevo. Con ello tendrá un bonito recuerdo, y si lo hace con sus amigos será todavía más entretenido.

Cara de plato

Cuando la lluvia fastidia una tarde de parque, o llevan demasiado rato inactivos, esta manualidad sencilla y entretenida puede ser una solución creativa y didáctica. Con materiales simples pueden crear personajes que protagonicen después divertidas obras de títeres. La diversión está asegurada y la tele apagada.

- **Edad:** 5 a 10 años
- **Número de participantes:** cualquiera
- **Espacio:** cualquiera
- **Materiales:**
  - plato de papel o plástico

- retales de tela
- papel
- lana
- una regla o un palo
- pegamento
- colores
- tijeras de punta redonda

■ **Método:** El objetivo es que el niño convierta todos esos materiales en un títere. Para ello, debe dibujar la cara en el plato. Puede pintar los ojos con colores o témperas, o pegar dos botones. También puede poner una bola de papel arrugado como nariz o un trocito de esponja recortado. Una vez dibujada la cara, puede ponerle pelo pegando hebras de lana o trozos de algodón pintado con témperas.

Para crear el vestido debe recortar cualquier retal de tela en forma de cuadrado o círculo y practicar con unas tijeras de punta redonda un agujero pequeño en el centro.

A continuación, tiene que pegar el palo o la regla a la base de la cara y pasar el vestido por el palo a través del agujero. Acabada esta operación, debe pegar con pegamento el vestido a la parte de atrás de la cara. Y el títere ya está hecho. Se pueden hacer varios: la princesa, el diablo, el sol, el caballero... y crear con ellos una ocurrente historia de títeres.

Relieves de casa

Tu casa le ofrece a tu hijo muchas posibilidades de descubrir nuevas texturas y de enriquecer sus dibujos. Madera, estucado, parquet, baldosas, alfombra... Son muchas y no se había fijado en ellas hasta ahora. Y las va a descubrir de tu mano.

- **Edad:** de 5 a 10 años
- **Número de participantes:** a partir de uno
- **Espacio:** cualquiera
- **Materiales:**
  - papel
  - lápices de colores o ceras
- **Método:** Lo único que debe hacer tu hijo es apoyar el papel en la textura que quiera obtener, como por ejemplo la mesa del comedor, y pintar suavemente con el lápiz de color o el lado de una cera. Así conseguirá «dibujar» madera, ladrillos, alfombras, baldosas o lo que desee.
  Es una buena forma de darle textura a determinadas partes de un dibujo. Si decide dibujar un armario puede pintar la textura de madera en sus puertas. El único requisito es que sea un dibujo grande para poder apreciar bien el resultado.

Paisajes de arena

Esta manualidad puede realizarse con mucha o con poca habilidad. Los más diestros pueden realizar un paisaje y los más pequeños hacer un arco iris de rayas de colores. El resultado final es igual de bonito y sorprendente. Además, puede convertirse en un regalo perfecto para un amigo o para la abuela.

- **Edad:** de 5 a 10 años
- **Número de participantes:** a partir de uno
- **Espacio:** cualquiera

Materiales:
- azúcar o arena de playa
- tizas de colores
- un frasco de cristal con tapa
- pegamento blanco
- papel de celofán de color
- goma elástica o lazo

Método: Los niños disfrutarán de lo lindo reduciendo a polvo las tizas de colores, así que conviene que les protejas con una bata a ellos y con papeles de periódicos viejos la zona donde van a trabajar. Una vez reducidas las tizas a polvo, se mezclan con el azúcar o la arena fina de playa en montoncitos separados según los distintos colores. Después, deben verter poco a poco los colores dentro del frasco formando el dibujo o paisaje. Para no gastar tantas tizas de colores, se puede rellenar el centro del frasco con azúcar sin pintar, ya que no se verá una vez acabado.

Cuando hayan terminado, deben poner una buena capa de pegamento blanco encima y tapar el frasco para fijar el diseño de colores de su interior. Una vez que se haya secado el pegamento, ya se puede manipular el frasco sin peligro de que el dibujo se desbarate. Es el momento de cortar un trozo de papel de celofán en un círculo algo más grande que el tapón del frasco. Deben ponerlo encima y atarlo al cuello del frasco con la ayuda de una goma elástica o un lazo. Así el frasco ya estará listo.

Postales para regalar

Son muchas las ocasiones ideales para regalar una postal: cumpleaños, santo, aniversario de bodas, Navidad... Sin embargo, esta vez no sólo escribirá el texto, sino que además creará la misma postal con lo que será un regalo personalizado que hará las delicias de quien lo reciba.

Edad: de 7 a 12 años
Número de participantes: a partir de uno

- **Espacio:** cualquiera
- **Materiales:**
  - cartulina
  - lápiz
  - lápices de colores o rotuladores
  - regla
  - tijeras de punta redonda
- **Método:** En una cartulina se dibuja con lápiz un rectángulo de 30 cm por 20 cm. Se traza una raya a los 15 cm de altura para separar la postal en dos mitades. A continuación, se recorta todo el rectángulo, que será la base donde tu hijo dibujará el motivo que desee y escribirá el texto.

Una vez recortada, se dobla la postal por la línea que se ha trazado previamente. La parte exterior es donde tu hijo debe dibujar lo que más le guste en esa ocasión, como un pastel de cumpleaños, un regalo o un árbol de navidad, por ejemplo. Y la parte interna es donde puede escribir el texto destinado a la persona a quien quiere regalar la postal.

Las posibilidades son muchas porque puede variar el color de la cartulina o los materiales empleados para dibujar, así que puede crear muchas postales distintas.

Pelotas de malabares

Cuántas veces no nos hemos quedado embobados mirando un espectáculo callejero de pelotas de malabares. Aunque puede parecer lo contrario, lo más fácil es hacerlas y, desde luego, lo que más paciencia requiere es dominarlas. Con materiales muy sencillos y muy poca ayuda, tus hijos pueden hacerse pelotas de diferentes colores y pasarse las horas muertas practicando. Además, pueden ganar habilidad pasándoselas entre ellos, con lo que pasará a ser la diversión de moda en tu casa.

- **Edad:** de 5 a 13 años
- **Número de participantes:** a partir de uno

■ **Espacio:** cualquiera
■ **Materiales:**
- globos de colores no muy grandes
- bolsitas de plástico o film de cocina
- tijeras de punta redonda
- arroz

■ **Método:** El niño debe cortar el cuello del globo de manera que sólo quede la parte redonda. A continuación, debe poner medio vasito de arroz en una bolsa de plástico y atarla o envolverlo en film de cocina de forma que parezca una pequeña pelota. Una vez hecho esto, se introduce la pelota dentro del globo, que quedará perfectamente ajustado. Luego se introduce desde el lado contrario otro globo y ya está hecha la pelota de malabares.

Para decorarla, puede meter un tercer globo que, previamente, habrá agujereado con una aguja así conseguirá una pelota a topos de colores.

Puede empezar fabricando dos para practicar diferentes juegos de manos y, a medida que gane habilidad, ir añadiendo nuevas pelotas a la colección.

Dibujar con el pie

A los niños siempre les gusta dibujar, pero con la mano. Si le propones a tu hijo dibujar con el pie, le vas a sorprender y, además, se lo va a pasar en grande. Tan sólo necesita su pie, un lápiz y un papel, así que ¡pies a la obra!

■ **Edad:** de 6 a 10 años
■ **Número de participantes:** a partir de uno
■ **Espacio:** cualquiera
■ **Materiales:**
- papel
- lápiz

■ **Método:** Pon una hoja de papel en el suelo y acerca una silla de una altura en la que tu hijo llegue con facilidad con los pies al suelo. Pídele que se descalce y que sostenga entre los dedos pulgar e índice de su pie un lápiz. Con él debe dibujar en el papel lo que quiera, o lo que pueda. Es una manualidad muy divertida con resultados sorprendentes.

También puede dibujar la silueta de su otro pie o intentar escribir su nombre. Si son más de un niño pueden jugar a adivinar lo que ha intentado dibujar cada uno, o hacer un concurso de pintura artística con el pie.

Piedras preciosas

Ésta es una actividad muy indicada para las largas tardes de verano, cuando nuestros hijos están de vacaciones y no saben qué hacer con tanto tiempo libre. Estemos en la playa o la montaña, la propia naturaleza nos dará los recursos necesarios para ayudar a nuestros hijos a pasar un buen rato y estimular su creatividad.

■ **Edad:** de 3 a 10 años
■ **Número de participantes:** a partir de uno
■ **Espacio:** el parque, la playa o el bosque y nuestra casa
■ **Materiales:**
  ● piedras, conchas, cortezas de árbol...
  ● una caja de zapatos o similar
  ● pinturas de témpera
  ● papel de periódico o un póster viejo
  ● pinceles
  ● retales de tela
  ● lana
  ● artículos para decorar, como legumbres, semillas, botones... (opcional)
  ● pegamento (opcional)
■ **Método:** Anima a tu hijo a coger una caja o una bolsa y salir a la playa o al bosque a pasear mientras recoge piedras bonitas, cantos rodados o conchas.

Cuando ya las tenga, debe lavarlas bien con la ayuda de agua, jabón y un cepillo de cerdas. Con ello, eliminará los restos de tierra, polvo y arena para conseguir una buena adherencia de la pintura y el pegamento que después aplicará encima.

Tras cubrir bien la superficie de trabajo y al niño, toca el turno de pintar los materiales del color que prefiera. Puede imitar a una mariquita con un canto rodado redondo, o pintar unas conchas para hacer un collar, imitar un cangrejo o evocar un pez. Para conseguir efectos más realistas se puede ayudar de otros materiales, como hacerle al cangrejo las patas con lana, los puntitos negros de la mariquita con pepitas de sandía o el brillo de las joyas con un poco de purpurina encima de la pintura. El límite, como siempre, en su imaginación. Recuérdale que antes de aplicar los materiales debe dejar que se seque muy bien la pintura, por lo que debe dejar las piedras o conchas encima de unos periódicos viejos durante un tiempo razonable.

Decora tus macetas

Cuando se acerca la primavera, muchas ventanas se llenan de bonitas plantas cuajadas de flores. Es un buen momento para que tu hijo le de el toque personal a tus macetas y se entretenga un buen rato fabricando los dibujos que estampará en ellas. Así tus macetas tendrán buen aspecto y tus ventanas se llenarán de color.

- **Edad:** de 6 a 12 años
- **Número de participantes:** a partir de uno
- **Espacio:** cualquiera
- **Materiales:**
  - una maceta de arcilla
  - patatas
  - pincel
  - pintura
  - moldes para galletas

- cuchillo
- barniz

Método: El primer paso para decorar una maceta es limpiarla bien de polvo o tierra con un trapo. Luego dile a tu hijo que fabrique las figuras para pintarlas con las patatas y los moldes para galletas. Las patatas deben ser de un tamaño un poco mayor que los moldes. Se deben cortar por la mirad y clavar en una cara uno de los moldes. Con mucho cuidado, o con tu ayuda, se elimina la patata que sobresale del molde con la ayuda de un cuchillo, de manera que la superficie de la mitad de la patata tenga la forma del molde de galleta.

A continuación, forra con papeles de periódico la zona de trabajo y protege a tu hijo con una bata o una camisa vieja. Dile que moje el pincel en la pintura y pinte los dibujos hechos en la patata. Mientras estén húmedos, debe aplicarlos encima de la maceta para que quede bien estampada la imagen elegida.

Una vez seca la pintura, puede aplicarle una capa de barniz para obtener un resultado final más bonito.

Mensajes de revista

Esta manualidad consiste en dejar mensajes secretos a amigos, hermanos o demás familiares dentro de un sobre. Sin embargo, son mensajes muy particulares, ya que tu hijo debe buscar las letras en los diferentes titulares de revistas y periódicos viejos. La búsqueda es muy entretenida y la confección también, así que el niño ya tiene asegurado un buen rato de diversión.

Edad: de 8 a 12 años
Número de participantes: a partir de uno
Espacio: cualquiera
Materiales:
- revistas y periódicos viejos
- tijeras de punta redonda

- pegamento
- papel
- sobre

■ **Método:** El niño debe redactar primero el mensaje en un papel aparte y hacer una lista de las letras que necesita encontrar en los titulares de revistas y periódicos atrasados. Por ejemplo, cuatro «e» tres «j», cinco «r», dos «a», etcétera.

A continuación, debe ir buscando esas letras en distintos titulares con diferentes estilos y tamaños de letras. Cuando ya las tenga todas, debe ir pegándolas en el papel para redactar el mensaje secreto. También puede poner el nombre del destinatario en el sobre.

Variante: Ésta es una forma muy original de enviar cartas a los amigos, o hacer una postal para felicitar algún cumpleaños, así que las opciones son muchas.

Móvil facilísimo

Las actividades sencillas y creativas resultan ideales para entretener a nuestros hijos y darnos un respiro a los padres. A buen seguro que por casa tienes alguna percha de alambre forrada de las que dan en la tintorería para que tu pequeño artista de buena cuenta de ella y la convierta en toda una obra de arte. Y sólo con la ayuda de su imaginación y sus propias manos.

■ **Edad:** de 4 a 10 años
■ **Número de participantes:** a partir de uno
■ **Espacio:** cualquiera
■ **Materiales:**
- una percha de armario
- papel de colores o retales de ropa
- fotos de revistas de objetos o personajes

- pegamento
- perforador
- tijeras de punta redonda
- hilo o cordel

Método: El niño debe recubrir completamente la percha de armario con el papel de color o los trozos de ropa. Luego debe seleccionar en revistas las imágenes que quiere que cuelguen de su móvil, como animales, estrellas, personajes, etc. Una vez escogidos, los recorta y, con ayuda del perforador, les practica un agujero muy cerca del borde de la parte superior de la figura. Una vez hecho el agujero, debe pasar la cinta o el cordel y hacer un nudo. A cada objeto conviene que le deje una largada de hilo diferente para que luego cuelguen a distintos niveles. Cuando todas las figuras tengan su cordel, ya las puede atar a la base de la percha forrada.

Como este móvil es tan sencillo de hacer, el niño puede ir cambiando los objetos que cuelgan de él según sus intereses o gustos e, incluso, puede hacer alguno para regalárselo a un amigo.

Ex libris

Muchas librerías, papelerías y tiendas de juguetes venden sellos con iniciales o sencillas ilustraciones para personalizar los libros. Basta con elegir el que más le guste al niño, mojarlo en tinta y colocarlo con una ligera presión sobre una de las primeras hojas de sus libros para que todo el mundo sepa ya quién es su dueño.

Pero si lo que quieres es que tu hijo haga su propio ex libris, lo mejor es que diseñe él mismo su dibujo.

- **Edad:** de 8 a 11 años
- **Número de participantes:** a partir de uno
- **Espacio:** cualquiera
- **Materiales:**
  - patata pequeña

- témperas de colores
- cuchillo
- servilleta de papel
- periódicos o plástico

Método: Para empezar, protege la superficie de trabajo con papel de periódico o un plástico. Dile a tu hijo que piense en alguna forma simple, como una estrella, un corazón, un pez o su inicial.

Después, debe partir la patata por la mitad y marcar con la punta del cuchillo la imagen. Con tu ayuda, tu hijo puede rebajar el contorno del dibujo. Éste debe de quedar en relieve.

A continuación, debe colocar una servilleta de papel sobre la imagen para que absorba algo de la humedad de la patata. Y mojar la patata en pintura para aplicarla sobre la superficie de la hoja del libro. Es recomendable que lo deje secar para evitar que manche la hoja anterior al cerrar el libro.

Variante: En vez de una patata puede utilizar un tapón de corcho, o un trozo de lámina gruesa de corcho que, una vez recortado, debe pegarse con cola de contacto en una base de madera o plástico para poder manejarlo.

Libro animado

Con esta manualidad tu hijo puede crear sus propios dibujos animados. No hace falta dibujar muy bien ni pasar horas trazando las viñetas. Tan sólo basta con escoger un motivo sencillo y hacerlo moverse a través de las páginas de una libreta. Parece cosa de magia y aquí te explicamos cómo conseguirlo.

Edad: de 10 a 12 años
Número de participantes: a partir de uno
Espacio: cualquiera

■ **Materiales:**
- libreta de tapa blanda
- rotulador

■ **Método:** Lo primero es escoger el motivo que tu hijo va a dibujar. Conviene que sea sencillo y muy esquemático, porque tendrá que repetirlo mucho y si es muy entretenido de hacer no será divertido. Por ejemplo, puede ser un muñeco de cuatro palotes o una cara hecha con una circunferencia con los ojos y la boca.

El dibujo debe hacerse en una esquina de las hojas; puede ser cualquiera, pero la superior derecha resulta más cómoda para enseñar luego el resultado a amigos y familiares. Una vez escogido el dibujo y su ubicación, tu hijo debe decidir qué movimiento desea crear: un muñeco que baila, una cara que sonríe y se va poniendo seria, unas pelotas de malabares que vuelan en el aire.

A continuación, el método es muy sencillo. Debe hacer un dibujo en cada página, pero variando un poquito el movimiento. Es decir, si el muñeco anda, en cada página debe avanzar un poco más la pierna. Cuando ya tenga toda la secuencia dibujada, obtendrá el resultado de dibujo animado haciendo pasar muy rápido las hojas entre sus dedos pulgar e índice. Puede hacerlo en el sentido en que lo ha dibujado o al revés, de atrás hacia delante. En los dos casos resulta muy divertido y parece cosa de magia.

Pequeño puzzle

Uno de los juegos que más entretienen a los niños es el de resolver puzzles. Aquí te proponemos que, además, lo confecciones, de manera que el juego se convierte también en una manualidad. Así, además de sus dotes de observación, también se potencia su creatividad y destreza.

■ **Edad:** de 8 a 12 años
■ **Número de participantes:** a partir de uno
■ **Espacio:** cualquiera

Materiales:

- cartulina blanca
- lápiz
- tijeras de punta redonda
- pincel
- pinturas
- plástico adhesivo

Método: Para empezar a fabricar el puzzle tu hijo debe hacer un dibujo bastante grande en la cartulina, como una seta o un paisaje. Luego lo pinta y, por último y con tu ayuda, lo plastifica con plástico adhesivo.

Después debe darle la vuelta a la cartulina y trazar las piezas del puzzle con un lápiz. A continuación, recorta con cuidado las piezas y ya ha finalizado la confección del puzzle. Ahora sólo falta hacerlo.

Variante: También puede crear puzzles a partir de fotocopias en color de alguna fotografía que le guste, como la de sus compañeros de clase, por ejemplo. Sólo debes pedir a un establecimiento que te haga una fotocopia (tamaño folio) en color de la foto que el niño desee, o imprimirla en vuestra impresora si la tenéis digitalizada en vuestro ordenador. El sistema es muy parecido, pero en vez de dibujar el motivo del puzzle, tan sólo debe pegar la foto en la cartulina. El resto del proceso es idéntico al que te explicamos más arriba.

Juegos para practicar
dentro de casa

El semáforo

La seguridad vial es fundamental en la educación de nuestros hijos y desde bien pequeños les enseñamos a respetar las señales y las luces de los semáforos. Este juego es una buena manera de practicar esas indicaciones hasta que las automaticen.

- **Edad:** de 3 a 10 años
- **Número de participantes:** a partir de cuatro
- **Espacio:** cualquiera
- **Materiales:**
  - cartulina roja y verde
  - tijeras de punta redonda
  - pegamento o cinta adhesiva
  - palitos de madrea, de plástico o lápices

■ **Método:** Debes pedirles a los niños que se dispongan en círculo con una separación de un metro entre ellos como mínimo para evitar que choquen entre sí. A continuación, ponte tú misma, o uno de los niños, en el centro del corro con un cuadrado de cartulina amarilla, roja y verde. Puedes pegarle un palito a cada uno para convertirlos en pequeños carteles que faciliten su manejo.

Los niños deben andar respetando el círculo mientras tengas levantado el cartel de color verde y repitas «El semáforo está en verde». Sin previo aviso levanta la cartulina roja e indícales «El semáforo está en rojo». A esa orden deben pararse todos en seco y esperar a que levantes la cartulina verde. Los niños pueden turnarse para hacer de semáforo e, incluso, puedes incluir alguna otra señal, como la de sentido obligatorio o curvas peligrosas.

Ciempiés

Éste es un sencillo juego de coordinación que no requiere espacios abiertos ni grandes equipos. Es muy divertido y les ayuda a trabajar su coordinación, además de permitirles rodar por el suelo, cosa que les encanta. El grado de complicación, y de diversión, aumenta con el número de participantes. Si te decides a participar tú misma en la formación del ciempiés, acabarás muerta de risa y rodeada de niños retozones.

■ **Edad:** de 6 a 10 años
■ **Número de participantes:** a partir de tres
■ **Espacio:** cualquiera, pero despejado
■ **Materiales:** ninguno
■ **Método:** Los niños se colocan en fila, sentados unos detrás de otros, con las piernas separadas y apretados. Cuando estén listos les das la señal de que todos deben girar a la izquierda, con lentitud, y quedarse con las manos apoyadas en el suelo, el cuerpo paralelo al suelo y las piernas encima del compañero que antes tenían delante. Sólo el último de la fila tiene que apoyar manos y pies en el suelo. El movimiento que están intentado realizar de for-

ma coordinada y en postura un tanto complicada, es el de dar media vuelta a la posición inicial para intentar formar un ciempiés.

Correr con tres piernas

Éste es un juego tradicional que está presente en muchas fiestas del colegio o en las competiciones infantiles de los campamentos. Sin embargo, también es un buen recurso para hacerlo en casa si dispones de un pasillo largo o si bajáis al parque.

- **Edad:** de 8 a 11 años
- **Número de participantes:** a partir de cuatro
- **Espacio:** cualquiera, pero despejado
- **Materiales:**
  - dos pañuelos o cordeles para atar las piernas
- **Método:** Es un juego muy sencillo de realizar. Los jugadores se unen por parejas y deben correr como uno solo. Esto se consigue atando con un pañuelo la pierna izquierda de uno con la derecha del otro, a la altura del tobillo y de la rodilla. Este juego exige mucha coordinación, ya que deben correr de forma que sus piernas atadas actúen como una sola. Podéis hacer carreras entre varias parejas, o cronometrar el tiempo de una sola si no disponéis de mucho espacio. El que más rápido corra, gana. La pareja que gane puede tener un premio tan sencillo como contar un chiste; a la que pierda se le impondrá algo tan pedagógico como poner o recoger la mesa.

En busca del tesoro

A veces puede parecer agobiante permanecer en casa una fría tarde de invierno. Sin embargo, todo cambia si la conviertes en una isla del tesoro. Con un poco de imaginación, puedes conseguir que tus hijos vean su habitación como parte de un mapa del tesoro que encierra sorpresas por descubrir.

- **Edad:** de 7 a 12 años
- **Número de participantes:** a partir de uno
- **Espacio:** cualquiera, incluso vuestra casa
- **Materiales:**
  - papel
  - bolígrafo
  - un tesoro: golosinas, la paga semanal, un regalo...
- **Método:** Lo primero que debes crear es el tesoro. No hace falta que sea nada espectacular, porque lo realmente emocionante de este juego es la búsqueda. A continuación, debes escribir unas pequeñas notas en las que, a través de adivinanzas o juegos de palabras, vayan guiando a tu hijo hacia el tesoro. Las pistas no deben ser muy complicadas. Basta con poner una en medio del comedor, por ejemplo, que ponga algo así como: «¡Si buscas bien en la cocina, estarás más cerca del tesoro, pirata!». Tan sólo debes esconder un poco las notas en las habitaciones que decidas, incluso incluir algún mapa en el que deban dar pasos para encontrarlas en uno u otro sentido.

Este juego es muy entretenido y motiva mucho a los niños, porque es diferente de muchos otros. Pruébalo y verás cómo tu pequeño te lo pide más veces.

Variante: puedes idear el recorrido con tu hijo y que sea una de las actividades de una fiesta de cumpleaños o una reunión de amigos. Él te ayudará a confeccionar las notas, a idear el recorrido o, incluso, a decidir el tesoro. Será todo un trabajo en equipo para sorprender gratamente a sus amigos.

Troncos rodantes

En este juego no hace falta tener habilidad, ni ser veloz, ni saber coordinar los movimientos demasiado. Sólo hay que rodar y rodar... Puede ser una gran idea en esas tardes difíciles, cuando los niños se pelean porque les hará olvidar rencillas y compartir risas sobre la alfombra.

- **Edad:** de 7 a 12 años
- **Número de participantes:** a partir de tres
- **Espacio:** cualquiera, pero despejado
- **Materiales:** ninguno
- **Método:** En este juego, los troncos son los propios participantes. Los niños, y tú misma, si te apetece, se tumban boca abajo en el suelo o en una alfombra para imitar los troncos. Uno de los participantes debe hacer de «jinete», pero la postura no es de sentado, sino la de tumbado también boca abajo, en perpendicular sobre los troncos, a la altura de la espalda de sus compañeros. A continuación, todos los troncos empiezan a rodar en la misma dirección. El objetivo es llevar al jinete a su gusto, a veces muy deprisa y otras suavemente. Cuando el jinete ya ha pasado el último tronco, le toca hacer de tronco rodante a él y el primer tronco de la fila pasa a ser el nuevo jinete. El juego puede seguir hasta que se llegue al final del salón, o del patio, si es verano, o hasta que vosotros queráis.

Contorsionistas

El contacto humano siempre es reconfortante y, en este caso, también produce mucha risa. Intentar mantener posturas realmente originales con la única herramienta de poner en contacto vuestras rodillas, vuestros hombros y vuestras manos es un juego sencillo y complicado a la vez. Una idea divertida que fomentará el contacto entre vosotros y entre los amigos de tus hjos.

- **Edad:** de 4 a 8 años
- **Número de participantes:** a partir de dos, en parejas
- **Espacio:** cualquiera
- **Materiales:** ninguno
- **Método:** Emparéjate con tu hijo y trata de conectar las parte de tu cuerpo con las de él: tus codos con sus codos, tus rodillas con las suyas, las orejas, los ombligos... Normalmente, los niños pequeños realizan cada contacto por separado, pero a medida que crecen son capaces de mantener dos o tres con-

tactos a la vez, como los hombros, los pies y las manos, por ejemplo. Con eso, y con la diferencia de altura entre tu hijo y tú, podéis conseguir posturas muy interesantes y, desde luego, muy divertidas.

Arrancar cebollas

Es un juego de toda la vida que siempre ayuda a llenar ratos de espera o tardes de lluvia. Además, les enseña a sumar fuerzas y jugar en equipo y no fomenta la competitividad porque nadie gana. Aunque pueda parecer un juego de espacios abiertos puede hacerse sin problemas en el salón.

- **Edad:** de 4 a 12 años
- **Número de participantes:** a partir de cuatro
- **Espacio:** cualquiera, pero despejado
- **Materiales:** ninguno
- **Método:** Uno de los participantes se sienta apoyado en una pared, separa sus piernas y delante de él se van sentado, en idéntica postura, el resto de los niños que participan en este juego. Se tienen que apretar entre ellos todo lo que puedan y abrazarse con fuerza por la cintura, de manera que cada uno agarre bien al de delante para formar una hilera de cuerpos apretujados. Deben sentarse todos excepto uno. El que permanece en pie debe coger de las manos al primero de la fila e intentar arrancarlo de los brazos de su compañero con todas sus fuerzas. Cuando lo consigue, el que acaba de sacar de la hilera se abraza por detrás al que le ha arrancado y los dos suman fuerzas para arrancar al siguiente jugador en la fila de «cebollas» que les esperan bien cogidos en el suelo.

Castillos de naipes

La habilidad y la paciencia son las claves de este sencillo juego que tan sólo precisa de una superficie plana, una baraja de cartas y un pulso firme. Tu hijo se sentirá más mayor si le dejas un juego de naipes de adultos, pero también puede hacer los castillos con cualquier baraja infantil que tenga entre sus juguetes.

- **Edad:** de 6 a 12 años
- **Número de participantes:** a partir de uno
- **Espacio:** una superficie plana en un lugar que no haga viento
- **Materiales:**
  - una baraja de cartas
- **Método:** La mejor manera de construir castillos de naipes es juntar los lados superiores de las cartas y separar los extremos inferiores, como si se hiciera una tienda de campaña. A continuación se hace otro al lado, y otro más, y otro. Después se colocan cartas horizontales sobre la hilera que se ha construido previamente y, a continuación, se vuelve a realizar la misma operación que al principio. El equilibrio entre las cartas que coloque es el único límite de este juego, y tu hijo puede crear nuevas formas de colocar las cartas a medida que vaya adquiriendo habilidad.

  Los castillos pueden tener la estructura que el niño desee. Pueden evocar una pirámide o tener huecos entre las cartas simulando ventanas, o bien ser una construcción rectangular con pequeñas «almenas» separadas en su último piso, como si fuera un muralla medieval.

  Cuando tenga el castillo construido puede jugar a tirarlo con sus canicas, o intentar hacer una competición de castillos con su hermano o hermana, o con un amigo.

Raptos compartidos

Aquí no gana nadie y todos se conocen mejor. Es una estrategia ideal para esas fiestas de cumpleaños en las que juntas a sus amigos del colegio con sus primos o hermanos, ya que ayuda a que se conozcan todos mejor y a romper el hielo.

- **Edad:** a partir de 6 años
- **Número de participantes:** a partir de seis, por parejas

■ **Espacio:** cualquiera
■ **Materiales:**
  • pares de pañuelos de colores
■ **Método:** Pide a los niños que se tapen los ojos con los pañuelos. No impor-
ta el color que escojan, pero debes asegurarte de que no vean nada de nada
y de que no sepan qué colores han escogido sus compañeros. Lo que sí saben
es el color que llevan ellos mismos y que existe otro de sus compañeros que
lleva el mismo.

A continuación deben buscar a tientas a alguno de los que participan en el
juego y llevarlo aparte para preguntarle por sus gustos y aficiones. Si coinciden en ellos, entonces debe preguntarle por el color del pañuelo y, si es el
mismo, ya pueden llevar a cabo el rapto o secuestro compartido. Si no tienen el mismo color de pañuelo, los dos deberán seguir buscando a otro participante del juego que comparta aficiones y color del pañuelo.

Miedo en el sombrero

A los niños les gusta mucho tener conversaciones en las que imitan a los adultos. Con este juego podrán hablar de los temas que normalmente no tratan y
nos ayudará a conocer todavía mejor a nuestros hijos. Es un juego tranquilo
pero muy interesante y te ayudará a comunicarte con tu hijo en un entorno dis-
tendido y lúdico.

■ **Edad:** a partir de 8 años
■ **Número de participantes:** a partir de 2
■ **Espacio:** cualquiera
■ **Materiales:**
  • lápices
  • papel
  • un recipiente grande y opaco, como un sombrero o una caja de zapatos
■ **Método:** Pídele a todos los que participan en el juego que se sienten en el
suelo en círculo. A continuación, reparte a cada uno un trocito de papel y

un lápiz. En él deben escribir de manera anónima la frase «Yo tengo miedo de...» y lo que teman. Después doblan bien el papelito y lo introducen en el sombrero.

Cuando todos hayan puesto su papel dentro, mueve bien el sombreo y coge uno. Lee en voz alta su contenido y comentadlo entre todos. Si lo preferís, también se pueden leer todos y comentarlos a la vez.

Variante: no tiene que ser necesariamente una frase negativa. También podéis jugar preguntando por las alegrías, los proyectos o las aficiones. También podéis poner las cinco cosas que cada uno llevaría de la Tierra a un congreso planetario imaginario o a una isla desierta. El límite lo ponen vuestros gustos y vuestra imaginación.

La pelota imaginaria

Si alguna vez tu hijo soñó con ser malabarista, ésta es una buena ocasión para llevarlo a cabo sin riesgo de que se le caiga la pelota al suelo. Como es imaginaria, podrá hacer todo lo que le plazca antes de tirártela a ti o a uno de sus compañeros de juego. Todo un recurso de entretenimiento que no precisa de otra cosa que de ganas de jugar.

- **Edad:** de 3 a 10 años
- **Número de participantes:** a partir de cinco
- **Espacio:** cualquiera
- **Materiales:** ninguno
- **Método:** Dile a los niños que se cojan de las manos y formen un corro. Luego pídeles que se suelten las manos y , en la misma posición en la que están, se vayan lanzando uno a otro una pelota imaginaria. Los niños pueden botarla antes de lanzarla, tirarla con la mano, con el pie, con la cabeza, con la espalda... y recibirla de igual modo que el que la lanza o de la forma que ellos prefieran. La norma es que no se puede lanzar dos veces seguidas de la misma forma.

Variante: También podéis hacer este juego utilizando un globo a modo de pelota, con lo que se incrementará la emoción, ya que quien explote el globo pierde.

Un cuento bestia

A los niños les encanta hacer un poco el animal y, sobretodo, imitar a los animales. Con este juego de imaginación les das la posibilidad de crear sus propias imitaciones o morirse de risa mientras los imitas tú misma. Así potenciarás su capacidad de integración en el grupo, su habilidad como mimos y su imaginación. Cuidado, que engancha.

- **Edad:** de 4 a 7 años
- **Número de participantes:** a partir de dos
- **Espacio:** cualquiera
- **Materiales:** ninguno
- **Método:** Lo único que debe hacerse en este juego es buscar un cuento o una fábula en la que aparecen animales. Si no tenéis ninguno por casa no pasa

nada, ya que os podéis inventar vosotros mismos la historia, con lo que aumentará la emoción. Tu hijo, o un amigo, o ambos, deben imitar los movimientos y el sonido que emiten cada uno de los animales que aparezcan en la historia. Si lo preferís, pueden irse inventando ellos la fábula y ser tú la que imites a los animales. Seguro que será un buen método para conseguir que se rían como nunca y que quieran ellos tomar el relevo después.

Poner la cola al burro

Este juego es muy sencillo de realizar y les encanta a los niños. Puedes hacerlo en cualquier lugar y con cualquier material, con tu hijo o con todos sus amigos. Además, no tiene por qué ser necesariamente un burro, podéis ir cambiando de animales y de objetos por colgar: un gallo y la cresta, un elefante y los colmillos, un dinosaurio y la cola, etc.

- **Edad:** a partir de 6 años
- **Número de participantes:** a partir de cuatro
- **Espacio:** cualquiera
- **Materiales:**
  - una pizarra o cartulina grande
  - una cuerda o algo parecido
  - cinta adhesiva para pegar la cola, o un imán si la pizarra es magnética
  - un pañuelo para vendar los ojos
- **Método:** En la pizarra o cartulina debéis dibujar un burro, pero sin la cola. El juego consiste precisamente en eso: en ponerle la cola al burro. La cola se puede confeccionar con cualquier material largo, como un cordel, un pañuelo o un manojo de trozos de lana atados con un nudo. Debéis buscar la forma de poder pegarla al dibujo en función de la pizarra o cartulina que hayáis escogido.
  Para colgarle la cola al burro, se elige a suertes el participante que se la pondrá en primer lugar. Una vez escogido, debéis vendarle los ojos con el pañuelo y darle unas cuantas vueltas sobre sí mismo para que se desoriente un poco.

A partir de entonces debe fiarse de las indicaciones de sus compañeros, que deben guiarle para ponerlo enfrente de la pizarra. A continuación, con órdenes como arriba, abajo, derecha o izquierda, deben indicar al jugador dónde prender la cola del burro para completar el dibujo.

Variante: si sois un grupo numeroso, podéis dibujar varios burros y formar el mismo número de equipos. Los niños escogidos para colocarle la cola al burro de su equipo tendrán que ponérsela a la vez, lo que creará una algarabía importante de todos los grupos dando indicaciones al mismo tiempo.

El submarino

Todos hemos visto alguna película en la que un submarino navega por las profundidades y, en algún momento, emite la señal de un agudo pitido. Este juego evoca en cierta manera esa acción, pero los que pitan son los compañeros de juego, y el que «navega» gateando es nuestro hijo.

- **Edad:** de 6 a 10 años
- **Número de participantes:** a partir de cuatro
- **Espacio:** cualquiera
- **Materiales:**
  - pañuelo para vendar los ojos
- **Método:** Indica a todos los participantes que se sienten en el suelo con una separación aproximada de un metro. Se escoge a uno de los jugadores para que le tapen los ojos y, a continuación, éste debe pasearse a gatas entre el resto de los compañeros que se han sentado. Cuando alguno de los jugadores vea que el submarino, es decir, quien gatea con los ojos tapados, está a punto de chocar con él, debe emitir rápidamente un pitido (¡piiii, piiii!) o cualquier otra señal que hayan establecido previamente para avisar a su compañero de que debe cambiar de ruta para evitar el choque.

Variante: Es un juego que admite muchas variantes, ya que se puede jugar con varios submarinos, añadir nuevos obstáculos con una señal determinada para cada uno de ellos, distribuir pequeños premios por la sala de juegos, etc.

Un limón y medio limón

Este sencillo juego de atención y reflejos suele provocar con facilidad las risas de quienes participan en él. Aunque proponemos esta frase se puede inventar cualquier otra, siempre y cuando aparezca el número de cada jugador implicado en la llamada que se hacen entre ellos.

- **Edad:** de 8 a 11 años
- **Número de participantes:** a partir de cinco
- **Espacio:** cualquiera
- **Materiales:** ninguno
- **Método:** Sienta a los niños formando un corro y asígnale un número a cada uno. El número uno debe empezar diciendo, tan rápido como le sea posible: «Un limón y medio limón llamando a cinco limones y medio limón», por ejemplo. Entonces el que tiene el número cinco debe hacer lo mismo, pero diciendo «Cinco limones y medio limón llamando a tres limones y medio limón». Cada niño reclamado por su número debe, a su vez, llamar a otro. Y así sucesivamente. Como lo repetirán muy rápido y hay que estar muy atento, los errores empiezan pronto a aparecer, y con ellos las risas, sobre todo si la que se confunde eres tú.

Variante: Consiste en que, en el momento de decir la frase, el jugador debe poner sus manos en sus sienes y agitarlas a modo de antenas de insecto. Además, el que esté a su derecha debe poner su mano izquierda en la sien, y el que esté a la izquierda de quien dice la frase, deberá poner su mano derecha en su sien.

Los vasos de ping-pong

Con elementos muy sencillos, tu hijo y tú podréis crear un juego en el que los niños creerán estar tirando latas con pelotas en la feria. Si preferís aplicar la variante de poner en los vasos acciones en vez de puntos, el juego se convierte en una divertida sucesión de volteretas, chistes o abrazos, que le resta competitividad y le añade diversión.

- **Edad:** de 9 a 11 años
- **Número de participantes:** a partir de cuatro
- **Espacio:** cualquiera
- **Materiales:**
  - veinte vasitos de plástico
  - tres pelotas de ping-pong
  - papel
  - lápiz
- **Método:** Coloca sobre una mesa los vasos de plástico. Previamente debéis elaborar unos pequeños cuadrados de papel con números del uno al tres. Estos papeles los debéis colocar bajo los vasos y serán la puntuación que tendrá cada vasito. Si tenéis rotuladores indelebles también podéis escribir el número directamente en el vaso.

  Desde una cierta distancia los participantes deben tirar las tres pelotas de ping-pong a cada turno e intentar tumbar los vasitos. Para evitar que la pelota tumbe más de un vasito podéis establecer la norma de que debe dar un bote en el suelo antes de saltar hacia la mesa. Una vez lanzadas las tres tiradas, se anota en un papel la puntuación total obtenida.

Variante: este juego tiene un cierto aire competitivo, pero podéis convertir el hecho de ganar en algo diferente, como hacer que el ganador explique un chiste o en vez de puntuación, escribir una acción en cada papelito, como dar una voltereta, guiñar los ojos o dar un abrazo.

Los espaguetis

Los materiales más sencillos nos ofrecen muchas veces grandes oportunidades de entretenimiento. Con este juego, tu hijo desarrollará su destreza, su habilidad y, sobre todo, su paciencia, ya que debe deshacer los nudos y enredos que él mismo y sus compañeros de juego han hecho. Una carrera contra-reloj para no perder una prenda, y una buena excusa para compartir risas con sus amigos.

- **Edad:** de 7 a 10 años
- **Número de participantes:** a partir de 2 y hasta un máximo de 10
- **Espacio:** cualquiera
- **Materiales:**
  - un cordel de grosor medio con unos 80 cm de largo para cada jugador
  - un cronómetro o reloj con segundero
- **Método:** Este juego consiste en poderse desenredar antes que los demás participantes. Debes tener en la mano un cronómetro o un reloj con segundero y ejercer de árbitro. A una señal tuya tu pequeño y sus amigos deben esforzarse en anudar y liar su cordel lo mejor que pueda. Al cabo de treinta segundos das una nueva señal para que dejen de enredar el cordel. A continuación, le pasan el cordel hecho un buen lío al compañero-contrincante de su derecha, que debe seguir la tarea de enmarañar y hacer nudos en el cordel que le acaban de pasar. Cada quince segundos das una nueva señal, tantas como componentes de juego haya. Luego tú ordenas «¡Desenredad!», y todos deben apresurarse en desenredar los nudos del cordel que tienen en las manos en ese momento. El que primero logre desenredar el cordel será el ganador. Si quieres añadir interés al juego, se puede pedir una prenda al que quede en último lugar.

La corriente

En este juego se necesitan varios componentes, pero no requiere ningún tipo de preparación ni material. Es sencillo y muy entretenido, así que tus hijos y sus amigos pueden dedicar un buen rato a pasarlo bien con la única ayuda de sus manos y su capacidad de observación. Si sientes nostalgia de tus tardes de niña, éste es el momento de añadirte al grupo y pasar la corriente.

- **Edad:** de 6 a 10 años
- **Número de participantes:** a partir de cinco
- **Espacio:** cualquiera
- **Materiales:** ninguno
- **Método:** Para poder jugar, los participantes deben sentarse un poco separados formando un círculo y cogerse de las manos. En el centro debe ponerse el que la para. Uno de los componentes hace las funciones de «central eléctrica», es decir, inicia una «descarga» con un ligero apretón de manos que va pasando de uno a otro. La corriente puede dar vueltas o cambiar de sentido, en función de lo que desee el jugador que en ese momento la pasa. El jugador que está sentado en el centro debe mirar atentamente las manos de los que forma el círculo e intentar adivinar en qué punto del corro está la corriente en ese momento o, lo que es lo mismo, qué mano es la que está presionando ligeramente a la de un compañero. Si lo acierta, el jugador que pasaba la descarga en ese momento pasa al centro del círculo y el que lo adivina se incorpora al corro para pasar la corriente.

El cerdito

Hacer el cerdito nunca ha sido tan limpio, ni tan divertido. En este sencillo juego, los participantes tan sólo deben imitar el ronquido de un cerdo, si les deja la risa. Es muy fácil y entretenido, y los participantes no ven el momento de dejar de jugar.

- **Edad:** a partir de 6 años
- **Número de participantes:** a partir de cinco
- **Espacio:** cualquiera
- **Materiales:** ninguno

■ **Método:** En este juego, el que la para debe tener los ojos bien tapados. A continuación, sus compañeros se distribuyen por la habitación en silencio e inmóviles, a la espera de que los localice su compañero con los ojos vendados. Cuando el que la para encuentra a uno de los participantes debe sentarse con cuidado a su lado, o en sus rodillas, y emitir un ronquido de cerdito. El otro jugador debe responderle de idéntica forma y el que la para debe adivinar por el timbre y el sonido del que ronca de quien se trata. Si lo acierta, el que ha sido descubierto pasa a ser el que tiene los ojos vendados, pero si la respuesta es errónea, deberá buscar a un nuevo compañero e intentar descubrir quién es. No se puede tocar y el único dato provendrá del ronquido.

Sillas musicales

Es un juego clásico de salón que ya entretenía a cortesanos hace siglos. No sólo divierte a los niños, sino que los mayores también se lo pasan de fábula participando. Tan sólo necesitas unas sillas y ganas de pasárselo bien.

■ **Edad:** a partir de cuatro años
■ **Número de participantes:** a partir de cinco
■ **Espacio:** cualquiera, pero que esté despejado
■ **Materiales:**
  • tantas sillas como participantes menos una
  • música (radio, CD, un instrumento o, simplemente, palmadas)
■ **Método:** Se colocan en círculo tantas sillas como participantes menos una en el centro del espacio en el que hayáis decidido jugar. A continuación, los jugadores se ponen en fila y esperan a oír la música, o el sonido de tus palmadas, para ponerse a andar o bailar alrededor de las sillas. En cuanto pare la música, todo el mundo debe buscar una silla en la que sentarse. El jugador que se queda de pie, está eliminado.
Antes de reanudar la música debes quitar una silla y continuar con el juego. Y así sucesivamente hasta que sólo quede una silla y dos jugadores. Será la ronda final que decidirá quien ha resultado ganador.

Los carteristas

Con este juego no pretendemos hacer de tu hijo un hábil carterista con oscuros propósitos. El único objetivo es hacerle pasar un buen rato, desarrollar su habilidad y demostrarle que cualquier excusa es buena para divertirse. Nunca le habrá gustado tanto el silencio y conseguirás que se relaje jugando.

- **Edad:** de 7 a 12 años
- **Número de participantes:** a partir de dos
- **Espacio:** cualquiera
- **Materiales:**
  - un abrigo
  - una cartera o unas llaves
  - cascabeles
  - imperdibles
- **Método:** Con la ayuda de los imperdibles, coloca varios cascabeles o campanillas en las mangas, el cuello, las solapas o los faldones de un abrigo que debéis colgar en una perchero o en el respaldo de una silla. Pídele al resto de participantes que guarden en cualquiera de los bolsillos del abrigo el objeto que hayáis escogido, o varios; pueden ser unas llaves, una cartera o, incluso una pelota de ping-pong.

El jugador que debe buscar el objeto indicado por el resto de participantes, y no otro, tiene que conseguir encontrarlo con los ojos vendados y sin hacer sonar los cascabeles del abrigo.

Si no lo consigue, paga prenda. Aunque también podéis asignar un punto por cada minuto que emplea y dos puntos por cada falta cometida al hacer sonar los cascabeles. Al final del juego gana el que menos puntos tiene o el que más prendas conserva.

El radar

El viejo reloj despertador del abuelo es una buena excusa para trabajar el sentido de la orientación y el oído de tu pequeño. Con un poco de imaginación y ganas de pasarlo bien puedes montar un juego de radar.

- **Edad:** de 6 a 11 años
- **Número de participantes:** a partir de cuatro
- **Espacio:** cualquiera
- **Materiales:**
  - pañuelos para vendar los ojos a los participantes
  - un pañuelo más grande o bufanda
  - un reloj despertador que haga tic-tac
- **Método:** Pide a cuatro de los niños que se coloquen en las cuatro esquinas de una habitación cualquiera, pero que esté despejada en el centro. Cuando se hayan colocado bien, véndale los ojos a todos y pon en el medio de la habitación un reloj despertador que haga tic-tac y, a poca distancia de él, un pañuelo grande o una bufanda. A continuación, los cuatro niños deben buscar ese pañuelo guiándose por el sonido del reloj, pero sin tocarlo.

> **Variante:** puedes hacer dos equipos y poner dos despertadores con dos pañuelos para ver quién consigue antes hacerse con los dos.

El teléfono

Este juego demuestra a los niños que el cuchicheo transforma la información, y cómo. Comprobarán que la misma frase, repetida en voz baja al oído, sólo precisa de cinco o seis repeticiones para transformarse en una nueva y disparatada oración. El resultado suele ser hilarante y la dinámica del juego es relajada y tranquila, por lo que es ideal para neutralizar momentos de «desenfreno infantil».

- **Edad:** de 8 a 11 años
- **Número de participantes:** a partir de cinco
- **Espacio:** cualquiera
- **Materiales:** ninguno
- **Método:** Coloca a los niños en círculo. Uno de ellos debe inventarse una frase sencilla, como por ejemplo: «El otro día fui a comprar patatas al supermercado». A continuación, debe decírsela al oído al participante que tiene a su lado y evitar que la oigan los demás. Éste se la repite al niño de su lado y así sucesivamente. Cuando llega al jugador que inició la ronda, éste debe decir la frase que le ha llegado en voz alta y repetir también la frase que inventó. Las dos frases suelen ser distintas y el resultado muy divertido y disparatado.

La pelota de ping-pong

Este juego resulta muy divertido porque es fácil y emocionante. Sin embargo, conviene que no hagan partidas muy largas para no marearse como consecuencia de los soplidos continuados. Los obstáculos contra los que choca la pelota, o por los que tiene que pasar, incrementan la dificultad y potencia la habilidad, la velocidad y los reflejos de los niños.

- **Edad:** a partir de 8 años
- **Número de participantes:** a partir de dos
- **Espacio:** una mesa
- **Materiales:**
  - una pelota de ping-pong
  - una mesa
  - diversos objetos para hacer de obstáculos
- **Método:** Cada participante se pone en los lados contrarios de la mesa. El juego consiste en hacer avanzar una pelota de ping-pong hasta el lado del oponente y conseguir que caiga al suelo a base de soplidos. El que defiende su campo puede soplar para defender su territorio. El juego se hace más emo-

cionante si se ponen obstáculos que dificulten el avance de la pelota, como libros o, simplemente, un vaso. También se pueden fabricar puentes por los que pasar o circuitos o, incluso, hacer partidos de dobles. El árbitro irá anotando las puntuaciones para decidir quién gana el «partido».

Mini-golf casero

A los niños les encanta jugar al mini-golf, pero no es muy frecuente encontrar uno cerca de casa y, además, se suelen cansar antes de acabar el recorrido. Este mini-golf improvisado le puede brindar a tu hijo la oportunidad de pasar un buen rato entretenido.

- **Edad:** de 6 a 12 años
- **Número de participantes:** a partir de uno
- **Espacio:** una superficie bien lisa
- **Materiales:**
  - tazas de café
  - cuchara sopera
  - pelotas de ping-pong o bolas de papel de aluminio
- **Método:** Para crear el circuito de mini-golf existen varias opciones. Puedes dibujarlo en una superficie lisa, como un cartón o la cara inferior de una de esas alfombras de plástico que tienen carreteras y manzanas de edificios dibujadas. En este último caso es mejor que utilices un rotulador indeleble para que no deje manchas en el suelo cuando le des la vuelta para que tu hijo juegue con los cochecitos.
  Si lo prefieres, marca con cinta adhesiva el circuito directamente sobre el suelo de su habitación o, simplemente, no trazar circuito alguno. A continuación, distribuye las tazas de café (o de café con leche, si le cuesta introducir la pelota) en posición horizontal a modo de agujeros de golf a lo largo del circuito.
  Tras decidir cuál es la salida y cuál la meta, tu hijo ya puede empezar a empujar la pelota de ping-pong con la ayuda de la cuchara para introducir-

la en los «agujeros». Si no tenéis pelotas de ping-pong en casa, podéis improvisar una pelota con una bola de papel de aluminio. Sencillo y efectivo.

Muñecos de calcetín

Este juego se compone de dos fases. Una en la que el niño confecciona los muñecos o personajes, y otra en la que juega a crear historias con ellos. Es una buena manera de reciclar los calcetines viejos o desparejados que siempre andan por casa y potencia la creatividad e imaginación de tu hijo.

- **Edad:** de 8 a 12 años
- **Número de participantes:** a partir de dos
- **Espacio:** cualquiera
- **Materiales:**
  - calcetines viejos o desparejados
  - aguja de coser sin punta
  - hilo de coser
  - botones de colores
  - pegamento
  - lana de colores
  - rotuladores
- **Método:** Este juego enseña cómo convertir un calcetín viejo en un divertido guiñol de teatro. Puede tratarse de una princesa de larga cabellera o de un demonio con grandes colmillos; incluso del monstruo de las galletas. No hace falta una historia o guión previo para decidir qué personajes crear, ya que es más divertido elaborar la obra de guiñol a partir de los locos personajes que pueden crear las manos de tus pequeñajos.
  La cabeza del guiñol es la parte de los dedos del pie del calcetín. En la punta puede coser o pegar lana de colores o algodón o cualquier material que encontréis por casa. Después, en la parte del empeine del calcetín se dibuja la cara con los rotuladores, o se pegan botones a modo de ojos y un trozo recortado de trapo como boca. Si a tu hijo le gustan las manualidades, pue-

de crear con cartulina forrada de papel de aluminio una corona de rey o un sombrero de mago. Como ves, las posibilidades son muy numerosas.

Cuando ya esté creado el guiñol, se introduce el calcetín por la mano hasta el antebrazo y, con ayuda de los dedos, se simulan los movimientos del personaje. Para improvisar un teatrillo, podéis cubrir la mesa con una manta y hacer aparecer a los personajes por la parte de atrás. Así, quien los manipula permanece oculto y sólo se ve el movimiento de los muñecos de guiñol.

Variante: si tu hijo es pequeño, le encantará que le hables a través de un personaje de guiñol de estas características. Puedes quedarte realmente sorprendida del caso que le llegan a hacer los niños de dos a cuatro años al muñeco que tu mano acciona. Crea uno y ponle un nombre divertido: será tu mejor aliado para convencer a tu pequeño que ha llegado la hora del baño o de irse a dormir.

Encuentra tu pareja

En este juego los niños deben escribir, ser rápidos y, sobre todo, aprender a perder. Es divertido y sencillo de practicar, y apenas necesitáis materiales. Las variantes pueden ser muchas, como sumar números en vez de hacer parejas o hacer dibujos en vez de escribir los nombres. Entre la preparación y el juego habrá transcurrido un buen rato de ocio sin que se hayan dado cuenta.

- **Edad:** de 8 a 10 años
- **Número de participantes:** a partir de cuatro
- **Espacio:** cualquiera, pero despejado
- **Materiales:**
  - una silla por jugador
  - papel
  - lápiz
  - silbato

■ **Método:** Los niños deben recortar dos cuadrados de papel por cada juga-dor y escribir en cada uno la mitad de una pareja: por ejemplo, Zipi y Zape, perro y gato, policía y ladrón, etc. A continuación, deben dejar en dos cuencos o cualquier otro recipiente cada una de las partes de la pare-ja que han creado, de manera que en todas las parejas de nombres estén separadas.

El árbitro repartirá por el salón, o el lugar que hayáis escogido para jugar, tantas sillas como jugadores participen y dejará en cada una de ellas uno de los papeles del cuenco que escoja, hasta distribuirlos todos.

Los niños deberán coger uno de los papeles del cuenco restante. Una vez conocida la pareja que deben buscar, el árbitro dará la orden de inicio del juego con un silbato y los niños irán corriendo a buscar su pareja por cada una de las sillas. Cuando la encuentren, deben conservar los dos papeles y sentarse en la silla. El último en sentarse pierde.

Variante: También podéis hacer que el ganador sea el que tenga menos puntos en varias rondas, con lo que podréis alargar el juego y darle la posibilidad a cada niño de tener mejor fortuna.

La patata bailonga

A veces, la imaginación es la mejor arma para combatir la pereza de sentarse frente al televisor sin ninguna otra inquietud. Una simple patata puede con-vertir una tarde cualquiera en un rato inolvidable producto de las risas que provoca este sencillo juego. Tan sólo se necesita coordinación y sentido del ritmo.

■ **Edad:** de 8 a 10 años
■ **Número de participantes:** a partir de cuatro
■ **Espacio:** cualquiera

▩ **Materiales:**
- una patata mediana
- música

▩ **Método:** Es un juego que requiere coordinación y mucha concentración, pero que no precisa de otro material que la patata y que es muy sencillo de ejecutar.

Los niños deben agruparse por parejas y, a su turno o bien todos a la vez, deben colocarse la patata entre las mejillas de cada uno de los componentes de la pareja, de manera que no se caiga al suelo.

A continuación, pon música para que sigan el ritmo bailando y manteniendo al mismo tiempo la patata entre las mejillas de la pareja de baile. Es evidente que gana quien más tiempo sostiene la patata, aunque también os podéis inventar categorías de premios, como el que mejor baila. Si alguna pareja consigue bailar durante tanto tiempo que resulta aburrido, siempre existe el método infalible de intentarles hacer reír.

El globo

Los globos están siempre presentes en las fiestas de cumpleaños y en muchos de los ratos lúdicos de tu hijo. Con alguna propuesta más, también os servirán para improvisar juegos con los que pasar un buen rato y perder el miedo a que exploten.

▩ **Edad:** de 6 a 11 años
▩ **Número de participantes:** a partir de cinco
▩ **Espacio:** cualquiera
▩ **Materiales:**
- un globo
- papel
- rotuladores

▩ **Método:** Sienta a los niños en círculo y déjales escoger un número del uno al cinco (o más, si son más los participantes). Para ello puedes incluir otro juego de los que te proponemos, como «Piedra, papel, tijera», por ejemplo.

Una vez que cada uno tenga asignado un número, distribúyeles un papel y un rotulador a cada uno para que escriba su número en grande. A continuación, se lo prendes en la parte delantera de la camiseta para que todos tengan claro cuál es su número y el de sus compañeros.

Entonces, se escoge a sorteo un número de todos los que participan y el niño que tiene ese número se sienta en el centro y empieza a hinchar el globo todo lo que puede pero de un solo soplido. Cuando acaba, escoge a otro número que pasa a ocupar su lugar en el centro, a soplar de nuevo el globo y a escoger un nuevo compañero para continuar el hinchado del globo. Podéis acordar antes de empezar si a quien le explota el globo es el que gana o el que pierde.

Variante: También podéis formar varios equipos y competir entre ellos a ver quién explota antes el globo. En ese caso no es necesario numerar a los participantes, servirá con que sigan el sentido de las agujas del reloj.

Memory

El juego de Memory potencia la capacidad de observación, retención y reflejos del niño. En el que te proponemos, además, tu hijo podrá desplegar sus dotes artísticas y dedicar un buen rato a «fabricar» su propio juego personalizado. Con ello, el tiempo dedicado al entretenimiento y la diversión aumenta y se enriquece.

- **Edad:** de 6 a 10 años
- **Número de participantes:** a partir de uno
- **Espacio:** cualquiera
- **Materiales:**
  - cartulina
  - rotuladores
  - tijeras de punta redonda

■ **Método:** Traza en una cartulina una cuadrícula con las rayas separadas cada cinco centímetros. Cuando la hayas dibujado, pídele a tu hijo que la recorte hasta obtener los cuadrados. Una vez recortados, debe escoger una serie de dibujos que le gusten, como figuras geométricas, caras con expresiones, números, etc. que sean fáciles de realizar. Deben ser un total equivalente a la mitad de cuadrados recortados, para que pueda dibujar un par de cada. Con la ayuda de rotuladores de colores y un poco de paciencia estará creando un juego de Memory personalizado.

Cuando ya tenga los cuadrados dibujados, se mezclan boca abajo y se distribuyen en una mesa o, simplemente encima de la alfombra. A continuación, debe irles dando la vuelta de dos en dos e intentar encontrar las parejas. Puede jugar solo o contra otro participante. Gana el que más parejas encuentre cuando ya se hayan dado la vuelta a todos los cuadrados.

Cambio de ropa

Cada mañana nos cuesta un triunfo que nuestros hijos se vistan con rapidez. Sin embargo, este juego conseguirá auténticos milagros y los niños se desvestirán y se volverán a vestir a la velocidad del rayo. Los resultados suelen ser dignos de una cómica fotografía para el álbum familiar y los niños se lo pasan en grande.

■ **Edad:** a partir de seis años
■ **Número de participantes:** a partir de cuatro
■ **Espacio:** cualquiera
■ **Materiales:**
   • la ropa que llevan puesta o disfraces
■ **Método:** Los niños deben formar dos equipos de un mínimo de dos componentes para competir entre ellos en una carrera de vestuario contra-reloj. La idea es que se entretengan simplemente con lo que llevan puesto. Es evidente que si les propones este juego en invierno deben hacerlo en una habitación caldeada. Si tomas esta precaución, es la época ideal para jugar al

cambio de ropa, ya que llevan encima muchas más prendas que en verano. El juego consiste en que los componentes de cada equipo deben desvestirse por completo y volver a vestirse con las prendas del revés en el menor tiempo posible. Es decir, primero el jersey, después la camisa y por último la camiseta, o primero el pantalón y después las braguitas. Es una manera de vestirse al contrario de como está establecido y con la que se obtienen resultados verdaderamente disparatados.

Variante: en vez de vestirse a la inversa, pueden ponerse la ropa del revés, es decir, con las costuras hacia fuera. O intercambiarse la ropa con los miembros del equipo contrario. Esta última variante es muy divertida, aunque conviene que los participantes tengan una constitución física parecida, o no.

Pequeño teatro

El público que verá esta obra de teatro pueden formarlo los padres, familiares y amigos. Aunque existe otra forma divertida de poner la obra en escena: ayudarse de una cámara de vídeo sujeta a un trípode para grabarla. Así los mismos niños podrán hacer una película que hará las delicias de todos cuando se pase por la televisión. En este caso, la tele pasará a ser su medio de expresión y no un juego pasivo.

- **Edad:** de 8 a 11 años
- **Número de participantes:** a partir de dos
- **Espacio:** cualquiera
- **Materiales:**
  - un lápiz
  - hojas de papel
  - ropas viejas, disfraces
  - maquillaje

■ **Método:** Los niños deben pensar en una historia o argumento, unos personajes, el ambiente de la obra y el vestuario que van a necesitar. Pueden buscar primero la ropa para inspirarse y, a partir de ahí, ir creando el texto entre todos. En el papel no sólo deben escribir los diálogos, sino que también deben anotar los gestos y las acciones que acompañan al texto.

Cuando ya hayan escrito el libreto, llega la hora de disfrazarse y maquillarse para poner en escena la obra. Pueden buscar por la casa objetos con los que crear una escenografía para dar más veracidad a la obra. Y, tras unos cuantos ensayos, ya pueden convertirse en auténticos actores.

A pescar

Éste es un juego muy divertido que requiere la participación y creatividad del niño, ya que, además, es una manualidad. Mientras lo confecciona estará entretenido un buen rato y, una vez acabada su realización, se puede pasar las horas muertas pescando los pececitos que él mismo habrá creado. Si es verano, el juego tiene el divertido aliciente de refrescar los pies junto a los peces dentro del balde; eso sí, siempre y cuando juegue en la terraza o en el patio.

- **Edad:** 5 a 10 años
- **Número de participantes:** a partir de uno
- **Espacio:** dentro de casa, en el patio, en el jardín.
- **Materiales:**
  - cartulina de colores
  - papel autoadhesivo
  - clips
  - imanes
  - cuchara de madera
  - cordel
  - tijeras de punta redonda
  - un balde
- **Método:** Lo primero que debe hacer el niño es fabricar los peces. En función de la edad del pequeño puede hacerlo solo, aunque necesitará tu ayuda si no es muy diestro con las tijeras.

Dale cartulinas de distintos colores y que dibuje en ella peces, estrellas y caballitos de mar de unos diez centímetros de largo. Cuantos más colores y formas, más exótica será la pesca. Una vez recortados, ayúdale a forrarlos con papel autoadhesivo para evitar que el agua los deshaga enseguida.

En cuanto hayáis forrado todos, indícale que ponga un clip de los que utilizamos para sujetar hojas en cada uno de los peces. Es importante que los clips sean metálicos, porque los plastificados no se pegarán al imán. Para que el agua no haga que los clips se suelten de los peces, puede fijarlos bien con un poco de cola.

Ahora que ya tiene los peces preparados para echarlos al agua, toca fabricar la caña de pescar. Se pueden utilizar diferentes métodos y materiales, aunque una buena idea es utilizar una cuchara de madera, de las que tienen un agujero en el mango. A través de ese agujero se pasa el cordel, que puede ser incluso bramante para cocinar, y se hace un nudo fuerte. Al otro extremo del cordel se ata un imán, que hará las funciones de anzuelo.

Ya es el momento de llenar un balde de agua, echar los peces en ella y sentarse a pescar. El imán se encargará de atraer los clips metálicos pegados a los peces y el niño disfrutará de un divertido rato de pesca.

Variante: Si participan más de un niño, se puede anotar en la parte inferior de los peces un número del 1 al 10. Cuando se ha finalizado la pesca, se anotan las puntuaciones de la captura y se comprueba quién ha obtenido la máxima puntuación.

Mensaje secreto

Con este juego, el niño descubrirá una mágica forma de enviarse notas secretas con sus amigos y dejará boquiabierta a su abuela. Es un simple experimento químico que utiliza materiales muy simples con un resultado sorprendente y, de paso, aprende los cambios químicos y los procesos de oxidación de algunos elementos. El niño, sin ayuda de los adultos, será capaz de crear una tinta invisible que podrá desvelar a voluntad. Se sentirá un pequeño mago y practicará caligrafía sin darse cuenta.

- **Edad:** de 5 a 10 años
- **Número de participantes:** cualquiera
- **Espacio:** cualquiera
- **Materiales:**
  - papel para escribir
  - jugo de limón o vinagre blanco
  - un mondadientes o un lápiz sin punta
  - una vela o una bombilla encendida
- **Método:** Pon en un vaso el vinagre blanco o el jugo recién exprimido de un limón. Luego haz que el niño moje el mondadientes o el lápiz sin punta en el líquido y que escriba o dibuje lo que quiera en el papel. Debe mojar a menudo la punta para que todo el trazado esté bien impregnado del zumo o el vinagre. Si quiere ver mejor lo que está dibujando, puede apoyar el papel en el cristal de la ventana para ver las líneas mojadas que va haciendo. A medida que el líquido se seca, va desapareciendo el escrito y se convierte en invisible. El proceso de secado debe ser natural, ya que

si se ayuda con un secador de pelo o la acción de una fuente de calor externa no se dan las circunstancias adecuadas para la segunda parte de este juego.

Cuando el papel está completamente seco, ayuda a tu hijo a acercarlo a una fuente de calor como puede ser una vela, una plancha caliente o una bombilla que lleve encendida unos minutos. Debes ir con cuidado para no quemar el papel. Una vez que el calor oxida el zumo de limón o el vinagre blanco, el dibujo que ha hecho el niño hace escasos minutos vuelve a aparecer en un tono oscuro, producto de la oxidación del líquido empleado, y vuelve a desaparecer cuando ya no se aplica el calor.

La pequeña tienda

Una de las actividades lúdicas más entretenidas para los niños es jugar a tiendas. Se pueden pasar horas haciendo que venden y compran como si imitaran a sus mayores cuando van al supermercado. Sin embargo, el juego puede volverse más atractivo, y creativo, si se ven obligados a crear su propia tienda y conseguir artículos para vender por toda la casa. Es probable, incluso, que les divierta más montar la tienda que ponerse a vender o comprar.

- **Edad:** de 4 a 10 años
- **Número de participantes:** a partir de dos
- **Espacio:** cualquiera
- **Materiales:**
  - una mesa o cualquier superficie
  - envases de productos y otros objetos como juguetes, revistas o discos
  - rotulador
  - hojas pequeñas para escribir los precios
  - calculadora
  - disfraz de tendero (un delantal o un bigote pintado)
- **Método:** Ayuda a tu hijo a hacer acopio de envases y otros objetos que puedan servir para jugar a tiendas. Juntadlos y ponedlos sobre una mesa. Ayú-

dalo a pensar el precio para cada objeto. El niño puede escribir los precios directamente en los productos o hacer pequeños carteles en hojas. Algunos se pueden poner en oferta. Una vez acabada la instalación de la tienda podéis jugar a intercambiar los papeles de tendero y cliente.

Ahora tú eres el cliente y tu hijo el cajero. Tu hijo puede usar la calculadora para echar bien las cuentas; necesitará tu ayuda para descubrir cada operación y los símbolos correspondientes (+,-, ÷, x, y =), pero puedes darle pistas para tratar de que lo haga él mismo.

Durante el juego de la tienda, puedes hacer preguntas como: «¿Cuánto costaría si compro 3 docenas de huevos?, ¿cuánto vale una caja de leche si la oferta es de 2 por 3 €?, ¿cuánto sería el total de mi cuenta si no compro los cereales?, ¿cuánto sube mi cuenta si incluyo esta revista?» También puedes pedirle a tu hijo que te diga el valor aproximado de tu compra para luego comprobarlo con la calculadora.

Las canicas

Son el juego infantil por excelencia y, cada cierto tiempo, vuelven a ponerse de moda. Lo jugaban nuestros abuelos y, a buen seguro, lo harán nuestros nietos, pero siempre es bueno recordarlo cuando se acaban otros recursos. Como otras muchas veces, la simplicidad es la que triunfa.

- **Edad:** de 6 a 12 años
- **Número de participantes:** a partir de dos
- **Espacio:** el parque o la alfombra del comedor (para amortiguar el ruido y evitar que los vecinos se quejen del ruido)
- **Materiales:**
  - canicas de cristal, metal o cualquier otro material
- **Método:** Debido a las características singulares de este juego conocido por todos, preferimos describir tres de las modalidades más extendidas en todo el mundo que el desarrollo exhaustivo de alguna de las muchísimas variantes existentes.

- **El bombardero:** es una variante fácil y entretenida, destinada a los más pequeños. Se traza un círculo de unos 30 cm en el suelo y cada uno de los participantes coloca igual número de canicas en el centro (dos, tres, cuatro...). Se sortean los turnos de salida y se inicia el juego con el objetivo de bombardear las bolas agrupadas en el círculo. Las canicas que salgan del círculo al recibir el impacto pasarán a ser propiedad del jugador que ha lanzado en esa tirada. El juego termina cuando el círculo queda vacío.

- **El círculo:** es el más conocido y posiblemente el más antiguo de los juegos de canicas. Existen bastantes variantes, pero el método básico utilizado consiste en trazar dos círculos: uno para determinar la posición del lanzador y otro en donde se encuentran las canicas (igual cantidad por cada participante). Cada jugador tira una canica con la intención de acertar a alguna de las del interior del círculo. Si lo consigue, es suya. Los jugadores más experimentados prefieren seguir tirando mientras acierten en el tiro, siempre con la misma bola y desde el punto en donde quedó la canica después de impactar con la otra. Otra opción, más equitativa para los principiantes, consiste en asignar una tirada a cada jugador.

- **El túnel:** consiste en introducir la canica desde una distancia determinada en un agujero o túnel. Pueden participar tantos jugadores como se quiera. Las partidas se pueden jugar por un espacio de tiempo previamente acordado o por número de canicas a lanzar. Asimismo puede haber un túnel o varios de distinto tamaño de entrada y, consecuentemente, de distinta puntuación. Todo dependerá del ingenio de los jugadores. Una simple caja de zapatos permite recortar hasta cuatro o cinco agujeros de distinta medida. Así de fácil.

Suma y tacha

Este sencillo juego consta de dos partes. Una más creativa en la que el niño se entretiene en confeccionar las seis cartas que lo componen y otra más educativa, en la que debe poner en práctica su capacidad de cálculo mental. Al final del juego, habrán pasado un rato agradable y, de paso, habrán refrescado sus matemáticas.

- ▧ **Edad:** de 6 a 10 años
- ▧ **Número de participantes:** a partir de dos
- ▧ **Espacio:** cualquiera
- ▧ **Materiales:**
  - cartulina
  - hojas cuadriculadas
  - lápiz
  - lápices de colores o ceras
- ▧ **Método:** El niño debe confeccionar con la cartulina unas cartas con un número en cada una del 1 al 6. Una vez hechas las cartas, cada jugador debe escribir en una hoja cuadriculada una serie de números del 1 al 12.
  Se barajan las cartas boca abajo y cada jugador coge dos por turnos. Cada uno debe tachar todos los números que se compongan con aquellas cartas más el número de cada una de ellas. Si no puede tachar ninguno, pierde turno. Gana el jugador que tacha antes todos los números de su lista.

Variante: Se pueden escoger varias normas para tachar los números de la lista. Por ejemplo, si se saca un 5 y un 6 se puede tachar el 11. Pero también se pueden tachar 2 o 3 números de la lista que sumen 11, es decir, 5 y 6; 7 y 4; 8 y 3; 9 y 2; 10 y 1, o puede ser 1, 2 y 8.

La gallinita ciega

Este juego tradicional es el rey de los cumpleaños, pero también puede ayudar a pasar una tarde de lluvia o jugar con papá y mamá. El tacto, el oído y la orientación son las herramientas del que para y el disfraz, el ingenio y el autocontrol, las de los que intentan no ser atrapados.

- **Edad:** de 3 a 10 años
- **Número de participantes:** a partir de tres
- **Espacio:** cualquiera, pero despejado
- **Materiales:**
  - un pañuelo o similar para tapar los ojos
- **Método:** Cuantos más jugadores participen mejor. Los jugadores, cogidos de la mano, forman un círculo. El primero en parar se coloca en el centro del círculo con los ojos vendados, y ha de hacer todo lo posible para atrapar a alguien y descubrir su identidad.

  Los demás jugadores hacen girar el círculo, se agachan, se apartan, etc., para dificultarle la tarea al que pare en su intento de atraparles. Dado que lleva los ojos vendados, el que para tiene que ingeniárselas para descubrir quién es el jugador que ha atrapado. Puede utilizar el tacto, puede provocar que el jugador ría, y así identificar su voz, etc.

  Por contra, cuando un jugador va a ser inspeccionado por el que para, se puede poner las gafas de un compañero, una pulsera, etc., a fin de despistarle. Si el que para acierta la identidad del jugador que ha atrapado, éste será el próximo en parar; si no lo consigue, aquél deberá parar otra vez.

Piedra, papel o tijera

Este sencillo juego tiene la gran ventaja de que los «juguetes» están incorporados en nuestras manos y sirve para pasar un buen rato, jugarse quién recoge la cocina o decidir quien irá primero a la bañera. También se pueden hacer competiciones para intentar ganar más veces que el adversario.

- **Edad:** a partir de 5 años
- **Número de participantes:** dos
- **Espacio:** cualquiera
- **Materiales:** ninguno
- **Método:** Los dos jugadores se ponen el uno frente al otro y colocándose una mano en la espalda dicen: «Piedra, papel o tijera». Justo al acabar la

frase, los dos muestran su mano a la vez y comparan la figura o signo que han escogido.

Pueden representar «piedra» con la mano cerrada en forma de puño, «papel» si muestran la mano plana, y «tijera» si forman el signo de la victoria con los dedos índice y anular.

La «piedra» gana a las «tijeras» porque las estropea, y pierde con el «papel» porque éste la puede envolver. Las «tijeras» ganan al papel porque lo pueden cortar, y pierden con la «piedra» porque las estropea. El «papel» gana a la «piedra» porque la envuelve, y pierde con las «tijeras» porque lo cortan.

Si los dos jugadores coinciden en mostrar la misma figura, se anula la tirada, es decir, que de esa ronda no resultarán puntos para nadie. Puede establecerse un número determinado de puntos ganadores, de forma que el primero que los consiga sea el ganador.

Variante: también pueden organizarse, por el mismo procedimiento expuesto, equipos que se enfrenten entre sí con un solo participante cada turno. Pierde el equipo que tenga todos sus jugadores eliminados antes.

Las chapas

Es uno de los juegos tradicionales más populares. De ejecución sencilla y técnica peculiar, se han llegado a montar verdaderos campeonatos y su práctica consigue que el tiempo transcurra a la velocidad del rayo. Así que no tires las chapas de las bebidas porque te pueden solucionar más de una tarde de diversión y risas.

- **Edad:** de 5 a 12 años
- **Número de participantes:** a partir de dos
- **Espacio:** cualquiera, pero despejado

■ **Materiales:**
- chapas de botellas
- pastelina

■ **Método:** En primer lugar, conviene rellenar las chapas con un poco de pastelina para que pesen un poco más y se puedan dirigir mejor.

No es aconsejable que participen muchos jugadores, puesto que esto contribuye a que se puedan apelotonar las chapas en el circuito trazado. El número óptimo de participantes es de cuatro a diez.

En una superficie de tierra o sobre el suelo, se marca un circuito con la ayuda de un palo o una tiza, con sus tramos de rectas y curvas, de unos 3 o 4 m de longitud, y unos 15 cm de anchura. Se marca una línea de salida y otra de llegada. Tras sortear el orden de salida, los jugadores, uno a uno, deben impulsar su chapa ayudándose con el dedo pulgar y el índice, de manera que se logre enviar la chapa lo más lejos posible, pero sin salirse del circuito, puesto que esto significa tener que retroceder hasta la línea de salida.

Es importante procurar no tocar la chapa de otro jugador, ya que así se adelanta la del contrario, y se entorpece la marcha de la propia.

Disfraces

No hay diversión que iguale a la de disfrazarse. Es una actividad creativa, lúdica y, sobre todo, muy entretenida. No hacen falta grandes dispendios en comprar disfraces, porque seguro que a tu hijo le encantará disfrazarse con la ropa de papá o con cualquier trapo viejo que ande por casa. Si te disfrazas con él, la diversión será doble.

■ **Edad:** de 2 a 10 años
■ **Número de participantes:** cualquiera
■ **Espacio:** cualquiera
■ **Materiales:**
- ropa vieja
- bolsas de basura

- papel de aluminio
- cartulina
- celo
- tijeras de punta redonda
- pelucas
- lana, etc.

■ **Método:** Aunque no se trate de un juego, lo cierto es que es una actividad que entretiene y despierta la imaginación de los niños. No hace falta comprar nada, ni coser ni ser un gran diseñador. En ocasiones, será el propio niño el que tomará la iniciativa y te sorprenderá con originales ideas. Si os disfrazáis los dos le resultará todavía más divertido.

Aquí van algunas ideas para potenciar al máximo las posibilidades del disfrazarse en casa.

- **Bolsas de basura:** pueden dar mucho juego. Cubren casi por completo el cuerpo del niño y las hay de diversos colores. Haz agujeros para que saque la cabeza y los brazos y, con plásticos o papeles de otros colores, y un poco de pegamento, añádale los detalles que caractericen el disfraz. Este recurso es muy eficaz para los disfraces de animales. Con cartulina, pueden hacerse unas alas de mariposa y unas antenas; o un cono de color negro, que junto con una escoba vestirá a una pequeña bruja. Si la bolsa se corta a la altura de las rodillas, con un pantalón negro, bastará con pintarle un bigote, comprarle una espada de plástico, ponerle un pañuelo en la cabeza y pegarle la letra Z en el pecho para tener un Zorro tan elegante como el mismísimo Antonio Banderas.

- **Papel de aluminio:** puede utilizarse para elaborar brazaletes o elementos que simulen metal. Si se forran dos cajas, una para la cabeza y otra para el tronco, se puede tener un robot. A la caja más grande, le añadís motivos futuristas, como botones de papel de colores. Para brazos y piernas, se pueden hacer cilindros de cartulina forrados con el mismo material.

- **Ropa vieja:** mucha de la que se guarda en el fondo del armario es un gran disfraz. La ropa vieja o en desuso puede utilizarse para convertirse en mendigo, anciano, payaso, hippie o pirata. Algo tan simple como una camisa blanca, puede convertirse en una bata de médico o peluquero para un niño.

El pañuelo

Cualquier campamento de verano que se precie programa este juego entre las actividades de ocio. No precisa de otra cosa que de participantes y un pañuelo, y ganas de pasar un buen rato.

- **Edad:** de 6 a 10 años
- **Número de participantes:** cinco
- **Espacio:** mejor al aire libre, aunque también puede servir el comedor si se despeja el centro
- **Materiales:**
  - un pañuelo
- **Método:** El número mínimo para poder jugar es de dos jugadores por cada uno de los dos equipos y una persona que sostenga el pañuelo; pero cuantos más jugadores por equipo participen, mejor.

  Se forman dos equipos con el mismo número de jugadores. En secreto, cada equipo asigna un número a cada jugador. De manera que, si hay diez jugadores por bando, cada uno tendrá un número del 1 al 10.

  Se forman dos hileras, y entre ellas se coloca el jugador que aguanta el pañuelo y que será quien vaya cantando los números. Cuando, por ejemplo, canta el 3, saldrán de cada hilera los dos jugadores que tengan asignado este número. Rápidamente llegarán hasta el pañuelo e intentarán cogerlo y llevarlo a su campo sin ser alcanzados por su contrincante.

  El jugador que aguanta el pañuelo se mantiene sobre una raya que divide en dos el campo de juego. Es muy frecuente que la pareja de jugadores que intervienen en la partida llegue al mismo tiempo al pañuelo. Entonces, se suceden los amagos de cogerlo, de forma que si un jugador finge cogerlo y el otro empieza a perseguirlo traspasando la raya, éste quedará eliminado.

Cuando un jugador está eliminado, el número que tenía asignado pasa a ostentarlo otro de su mismo equipo, que, naturalmente, tendrá a partir de este momento dos números. Ganará el equipo que logre eliminar a todos los contrarios.

Pica-pared

Con este juego tradicional se pasa un buen rato y se ejercitan los reflejos. Puede jugarse en cualquier momento y no precisa de preparación ni material alguno, con lo que viene de perlas en situaciones desesperadas, como las tardes de lluvia en las que no se puede bajar a jugar al parque.

- **Edad:** a partir de 5 años
- **Número de participantes:** de 3 a 10
- **Espacio:** un lugar despejado con una pared
- **Materiales:** no se precisan
- **Método:** Se escoge una pared y a partir de ésta, se marca una distancia de 7 a 10 m.

El jugador que para se sitúa de cara a la pared. El resto se coloca formando una línea paralela a la pared en el inicio de la zona marcada.

Empieza el juego y el jugador que para da unos golpes con las palmas de las manos en la pared, al tiempo que dice «Un, dos, tres, ¡pica pared!». Mientras realiza esta operación, los demás jugadores se aproximan rápidamente a él, pero con la precaución de que no los vea ya que, al finalizar la frase, el que para se gira rápidamente y si pilla a alguien moviéndose lo hará retroceder hasta el punto de partida.

El juego continúa de la misma forma hasta que uno de los jugadores se ha acercado lo suficiente a la pared como para tocar al que está parando, obligándole así a parar de nuevo. Pero si el que para atrapa a algún jugador antes de regresar a la línea de salida, será éste el que pare en el siguiente juego.

Coche teledirigido

Aunque las tiendas están llenas de sofisticados juguetes a pilas, puede resultar mucho más emocionante para un niño fabricar su propio coche teledirigido. Mientras lo crea se entretiene y la magia de transportarlo a su voluntad puede darle para otro buen rato de diversión. Los materiales son, como siempre, muy básicos, y el proceso de fabricación, muy sencillo.

- **Edad:** de 5 a 10 años
- **Número de participantes:** a partir de uno
- **Espacio:** cualquiera
- **Materiales:**
  - cartulina
  - tijeras de punta redonda
  - imanes
  - colores
  - celo
- **Método:** Pídele a tu hijo que dibuje un coche en la cartulina, o cualquier otro vehículo que desee. Una vez dibujado, debe pegar con pegamento o

con la ayuda de un trozo de celo uno de los imanes en la parte inferior del coche que ha creado.

Dile que dibuje un mando a distancia en otro trozo de cartulina y que pegue el otro imán en la parte inferior.

Con la cartulina restante puede construir rampas entre muebles o un circuito lleno de curvas. Una vez hecho, debe poner el coche en la parte superior del mismo y el mando a distancia justo debajo. Cuando arrastre el mando a distancia, la atracción de ambos imanes hará mover al coche a voluntad del niño, como por arte de magia.

También puede utilizar otras superficies, siempre y cuando sean delgadas, como el cristal de una ventana o una lámina de madera, para favorecer el efecto de los imanes.

Recetas de cocina sencillas

Ensalada napolitana

Todos los padres deseamos que nuestros hijos tengan una alimentación sana y equilibrada, y esta sencilla receta es un buen ejemplo de ello. El tomate y el queso suelen ser siempre plato de gusto para pequeños y mayores, así que tu hijo disfrutará de esta ensalada no sólo mientras la prepara, sino también cuando la tenga en el plato.

- **Edad:** de 8 a 12 años
- **Número de participantes:** a partir de uno
- **Espacio:** cocina
- **Materiales:**
  - 2 tomates grandes de ensalada
  - 100 g de queso mozzarella
  - aceitunas negras
  - aceite de oliva

- sal
- orégano
- tabla para cortar
- cuchillo
- fuente

▣ **Método:** pídele a tu hijo que lave bien los tomates. Con la ayuda de una tabla y un cuchillo debe cortar a dados el tomate y disponerlo en el centro de la fuente. A continuación puede cortar también en dados el queso mozzarella y repartirlo alrededor del tomate. Si tu hijo tiene buen pulso, puede cortar los dos ingredientes en rodajas y alternarlas en círculos concéntricos en la fuente.

Una vez dispuestos estos ingredientes tiene que repartir las aceitunas negras por encima y espolvorear con orégano toda la ensalada. Si lo preferís, podéis cambiar el orégano por albahaca o menta finamente picada. Después, sólo queda que le ayudes a aliñarla con sal y aceite.

Pizzas divertidas

La pizza es uno de los platos que más gusta a los niños y son pocos los que se resisten a ellas. Y son una buena excusa para introducir alimentos tan completos como el tofu, que tiene un sabor insípido y se adapta a la perfección en cualquier plato. Seguro que tu hijo va a crear la pizza más divertida y nutritiva que puedas imaginar.

▣ **Edad:** de 6 a 12 años
▣ **Número de participantes:** a partir de uno
▣ **Espacio:** cocina
▣ **Materiales:**
- 1 base para pizza
- tomate triturado
- aceite
- queso rallado, mejor mozzarella

- sal y pimienta
- tofu
- zanahorias
- champiñones
- olivas negras
- orégano
- tabla para cortar verduras

Método: compra unas bases para pizza, bien sean frescas o congeladas, en tu establecimiento habitual. Pídele al niño que se ponga un delantal y se lave las manos antes de empezar.

Enciende el horno a 200 °C mientras vais preparando la pizza. Lo primero es distribuir el tomate rallado por toda la superficie de la base con la ayuda de una cuchara. A continuación, se espolvorea bien de queso rallado y trocitos de tofu. Y empieza la aventura. Pídele a tu hijo que cree una cara con las diferentes verduras troceadas sobre la base de pizza. Puede utilizar las olivas negras como ojos, un trozo alargado de zanahoria como boca, trocitos de tofu como nariz y dos medias rodajas de calabacín como orejas. Pero esto es sólo una idea, ya que puede crear muchas caras diferentes con los ingredientes que más le gusten.

Una vez distribuidos todos los ingredientes, debe espolvorearla con un poquito de orégano y ya está lista para que la introduzcas al horno durante unos quince minutos. Y así habrá preparado su cena preferida con un toque divertido.

Tortilla paisana

La tortilla es del agrado de muchos niños y esta receta es una buena manera de introducirles las verduras en su menú habitual. Con un poco de tu ayuda podrá hacer una tortilla para chuparse los dedos.

Edad: de 8 a 12 años
Número de participantes: a partir de uno
Espacio: cocina

▨ Materiales:

- 3 huevos
- patatas a rodajas
- judías tiernas a trocitos
- 1 zanahoria a cuadraditos
- 1 tomate maduro a rodajas
- 100 g de guisantes
- lechuga
- tomates cherry
- cuchillo
- cazuela
- agua
- aceite
- sartén

▨ Método: pide a tu hijo que lave, pele y corte las verduras mientras tú pones agua a hervir en una cazuela. Cuece en esa agua las judías verdes, las zanahorias y los guisantes durante diez minutos.

A continuación, calienta aceite en una sartén y pon en ella las patatas a rodajas. Déjalas cocer durante cinco minutos y, a continuación, añade el resto de las verduras y mantenlo a fuego lento hasta que la patata esté cocida.

Dile a tu hijo que bata los huevos en un cuenco. Añade tú una pizca de sal y deja que él eche todas las verduras en el cuenco y las mezcle con los huevos batidos.

Después, haz la tortilla en una sartén y pídele que la adorne con un poco de lechuga picada alrededor y tomates cherry cortados por la mitad.

Espaguetis con tomate

El rey de todas las comidas preferidas de tu hijo, no nos cabe ninguna duda. Si además los cocina él con tu ayuda, le parecerán una delicia. Puedes optar por espaguetis integrales y empezar a introducir en su dieta este tipo de pasta tan sana y nutritiva.

- **Edad:** de 8 a 12 años
- **Número de participantes:** a partir de uno
- **Espacio:** cocina
- **Materiales:**
  - 2 l de agua
  - 250 g de espaguetis
  - 1 cucharada de sal
  - 1 cebolla
  - 3 cucharadas de aceite
  - 100 g de atún
  - 6 tomates pelados
  - 1 cucharadita de orégano
- **Método:** pon el agua con la sal a hervir en una cazuela, y dile a tu hijo que vaya pelando los tomates y troceándolos bien pequeños. Luego, tiene que pelar una cebolla y picarla fina con ayuda de un picador.

  Echa un poco de aceite en una sartén y pídele que eche el atún desmenuzado y la cebolla, pero cuando todavía esté frío el aceite para evitar que le salpique. Permite que vaya removiendo la mezcla de vez en cuando mientras se fríe a fuego lento. Cuando ya esté hecho, debe añadir el tomate bien picado. Pon tú la sal y una puntita de azúcar para neutralizar el sabor ácido del tomate. Tapad la sartén y dejarlo cocer a fuego lento hasta que la salsa esté en su punto.

  Mientras tanto, echa en el agua hirviendo los espaguetis y retíralos al cabo de unos veinte minutos. Los escurres bien con un poco de agua fría para que queden sueltos y dile a tu hijo que los reparta en los platos. Luego debe espolvorear bajo tu supervisión un poco de orégano y añadir unas cucharadas de la salsa encima.

Tomates rellenos

Este plato, divertido y sencillo de elaborar, introduce a tus pequeños en el mundo de la cocina y les descubre sus habilidades culinarias. Es un estupendo primer plato para mediodía o una rica cena para el verano. Con algo de tu ayuda y un poco de habilidad por su parte, los tomates rellenos pasarán a ser una de sus recetas favoritas.

- **Edad:** de 6 a 12 años
- **Número de participantes:** a partir de uno
- **Espacio:** cocina
- **Materiales:**
  - 4 tomates medianos
  - 4 huevos
  - pan rallado
  - mantequilla
  - sal
  - pimienta
- **Método:** pídele a tu hijo que, tras ponerse un delantal y lavarse las manos, lave bien los tomates bajo el grifo de agua fría. Después, y con la ayuda de un cuchillo, debe cortar la parte superior del tomate, como si le quitara la tapa.

  A continuación puede utilizar una cuchara de postre para vaciar el contenido de los tomates para poder rellenarlos. Los espolvorea con un poco de sal y de pimienta y, con tu ayuda, casca los huevos e introduce uno en cada tomate. Vuelve a añadir un poco de sal y los cubre con pan rallado y una perlita de mantequilla.

  Cuando ya tenga los tomates rellenos, los distribuye en una bandeja para el horno o en un recipiente y los pones durante unos diez minutos al horno, que debe estar a una temperatura elevada. Cuando se vea la clara cocida ya estarán los huevos listos para servirlos como un primer plato delicioso y nutritivo.

Pastel de pollo

El horno es una opción muy práctica para que los niños cocinen ya que sólo se debe vigilar el punto de cocción y tú puedes ayudarle a meter y sacar la fuente.

Con un poco de tu colaboración, tu hijo podrá preparar una cena estupenda e iniciarse en el apasionante mundo de la cocina.

- **Edad:** de 6 a 12 años
- **Número de participantes:** a partir de uno
- **Espacio:** cocina
- **Materiales:**
  - 1 Kg de filetes de pollo cortados muy finos
  - lonchas de beicon muy finas
  - queso en lonchas
  - queso para gratinar
  - orégano
  - sal
  - fuente para el horno
- **Método:** pídele a tu hijo que sale los filetes con la ayuda de un salero para que no lo haga en exceso. Luego debe espolvorearlos con orégano. Con esos filetes debe cubrir el fondo de la fuente para el horno. Ésta será la primera capa del pastel. A continuación debe cubrirla con lonchas de beicon y después con el queso, para seguir de nuevo con los filetes de pollo. En total debe poner tres capas de filetes y conviene que la capa superior sea la de beicon. Sobre ella debe espolvorear el queso rallado y ponerlo en el horno a máxima potencia unos diez minutos. Después debéis encender el grill y gratinarlo un par de minutos, pero con tu ayuda, para que el niño no se queme.

Huevos rellenos

Los huevos duros suelen ser un alimento que les encanta a los niños. Son fáciles de preparar, divertidos de pelar y su sabor es muy suave. Además, es la forma más sana de elaborarlos. Si los preparas rellenos, todavía incrementas más su valor nutricional y le proporcionas a tu hijo una ocasión ideal para ayudarte en la cocina.

- **Edad:** de 8 a 12 años
- **Número de participantes:** a partir de uno
- **Espacio:** cocina
- **Materiales:**
    - 4 huevos
    - atún
    - mayonesa
    - pepinillos
    - lechuga
    - cuchillo
    - cazuela
    - fuente
- **Método:** pídele a tu hijo que lave con cuidado los huevos bajo el grifo. A continuación debe sumergirlos en una cazuela y debéis dejar que cuezan durante 10 minutos, hasta que se conviertan en los huevos duros que serán la base de esta receta.

    Cuando los huevos cocidos estén ya tibios dile a tu hijo que los pele. Luego, tras mojar la hoja de un cuchillo en agua debe cortarlos longitudinalmente en dos mitades. Debe poner las yemas en un plato y reservar las claras para empezar a rellenarlas.

    Para hacer el relleno no hay que utilizar todas las yemas, porque sería demasiada cantidad de relleno al añadir el resto de ingredientes. Una vez retiradas algunas, debe añadir el atún natural desmenuzado y un poco de mayonesa. Con la ayuda de un tenedor va ligando la masa hasta obtener una pasta cremosa. Luego, rellena las claras con esa pasta hasta formar un poco de copete. Sobre cada medio huevo relleno pone una rodaja de pepinillo para adornar y los dispone todos en una fuente sobre un fondo de lechuga bien picada.

Croquetas de lentejas

Las lentejas son una rica fuente de hierro, pero a los niños no suelen gustarles mucho. Sin embargo, si le propones a tu hijo comerlas en croquetas y, además, que las cocine él, es posible que se las coma contento. No pierdes nada con probarlo.

- **Edad:** de 8 a 12 años
- **Número de participantes:** a partir de uno
- **Espacio:** cocina
- **Materiales:**
  - 250 g de lentejas cocidas
  - 1 diente de ajo
  - 1 cucharada de perejil picado
  - 1 cucharada de orégano
  - pan rallado
  - 2 huevos
- **Método:** tu hijo debe colocar las lentejas cocidas en un plato hondo y triturarlas con la ayuda de un tenedor. Luego las mezcla con el diente de ajo picado, el perejil y el orégano, y tú añades sal y una puntita de pimienta.
A continuación, añadid el pan rallado necesario para conseguir una masa consistente que tu hijo pueda moldear. Con un poco de maña puede darle forma a las croquetas, sólo necesita sus manos y dos cucharas. Después, debe batir los huevos en un plato y poner el pan rallado en otro. Primero pasa las croquetas por el huevo batido y luego por el pan rallado. Ahora te toca a ti freírlas en abundante aceite caliente. Después de freírlas las ponéis sobre papel absorbente para eliminar el exceso de aceite y las podéis servir acompañadas de una ensalada variada.

Sándwich de seitán

Aunque preparar un bocadillo parece cosa de niños, lo cierto es que el sánd-wich que te proponemos parece obra de todo un chef. Además, es una forma divertida de introducir en su dieta alimentos tan sanos y nutritivos como el seitán. A tu hijo le encantará hacer todo el proceso y disfrutar del resultado final, que puede ser una apetitosa cena.

- **Edad:** de 9 a 12 años
- **Número de participantes:** a partir de uno
- **Espacio:** cocina
- **Materiales:**
  - pan de molde integral
  - mantequilla
  - lechuga
  - tomate para ensalada
  - lonchas de queso
  - seitán
  - mayonesa
  - aceite de oliva
  - palillos
  - tostadora
  - cuchillo
  - tabla para cortar
  - sartén
- **Método:** pídele a tu hijo que ponga el pan de molde integral en la tosta-dora para dorarlo un poco. A continuación, debe untarlo un poquito con mantequilla y poner una loncha de queso. Con la ayuda de un cuchillo debe cortar menuda la lechuga y el tomate a rodajas. En la base del boca-dillo pondrá una capa de lechuga y una rodaja de tomate.
Ayúdale a saltear un poco el seitán cortado en trozos pequeños. Luego debe desmenuzar el seitán con un tenedor y mezclarlo con un poco de mayonesa.

A continuación, lo extiende sobre la rodaja de tomate y, por último, le pone la otra rebanada de pan de molde tostada.

Cuando ya esté el sándwich hecho, debe poner un palillo cerca de cada esquina de la rebanada para que no se desarme y cortarlo en cuatro trozos con el palillo en medio de cada uno de ellos. Luego los pone en un plato y ya tiene todo un sándwich de seitán sano y muy sabroso.

Brochetas de salmón

Como ya sabes, la alimentación es básica para que los niños se desarrollen bien, física y mentalmente. El pescado juega un papel muy importante en la dieta de los más pequeños, puesto que es un alimento muy nutritivo, bajo en calorías y saludable. Con esta sencilla y sabrosa receta conseguirás que, además, le guste a tu hijo.

- **Edad:** de 10 a 12 años
- **Número de participantes:** a partir de uno
- **Espacio:** cocina
- **Materiales:**
  - salmón a dados y sin espinas
  - champiñones
  - pimiento verde
  - tomates cherry
  - eneldo
  - sal
  - aceite de oliva
  - brochetas
  - cuchillo
  - tabla para cortar
  - sartén
- **Método:** pide en la pescadería que te hagan unos filetes de salmón sin espinas de la parte de la cola. A continuación, dile a tu hijo que corte en tacos

los filetes. Después, debe lavar los champiñones, los tomates cherry y el pimiento verde.

Tras cortar el pimiento verde en cuadrados del tamaño de los tacos de salmón, debe ir ensartando en cada brocheta todos los ingredientes alternándolos. Después le ayudas a salarlos y espolvorear el eneldo. Luego, tu hijo puede rociarlos con un poco de aceite de oliva.

Pon una sartén al fuego y haz a la plancha las brochetas un minuto por cada lado. Podéis presentarlas con una guarnición de verduras salteadas o una ensalada verde.

Pastel de manzana

Es un sencillo pastel de rico sabor y un alto contenido nutricional, ya que se hace a base de plátano, manzanas y leche. Puede ser un postre ideal, pero también un desayuno o una merienda completo para tu hijo. Prepararlo le gustará casi tanto como comérselo.

- **Edad:** de 10 a 12 años
- **Número de participantes:** a partir de uno
- **Espacio:** cocina
- **Materiales:**
  - 4 manzanas rojas
  - 2 plátanos
  - 1/2 vaso de leche
  - 2 cucharadas de azúcar integral de caña
  - nata montada
  - cuchillo
  - tabla para cortar
  - tartera
  - batidora eléctrica
- **Método:** pídele a tu hijo que pele y corte en láminas las cuatro manzanas. A continuación, debe forrar el fondo de la tartera por completo con las lámi-

nas de manzana y meter el recipiente en el horno precalentado al máximo durante unos tres minutos.

Mientras tanto, va pelando los plátanos y cortándolos en trozos pequeños. Los pone en un cuenco, añade el medio vaso de leche y las dos cucharadas de azúcar y los bate con la batidora eléctrica y tu ayuda. La textura final debe parecerse a la de la mayonesa, así que añadi-
réis más leche si os quedara muy espesa.

El niño debe verter la mezcla encima de las
láminas de man-
zana que ya ha
cocinado previa-
mente y dejarlo
enfriar a tempe-
ratura ambiente
si es invierno o una
hora en la nevera si es
verano.

Bizcocho de chocolate

Ésta sí que es una receta irresistible que tu hijo querrá hacer él solo cada semana. Además de una merienda o un desayuno de lujo, también puede ser un espléndido pastel de cumpleaños con algunos adornos de nata, guindas y las correspondientes velas.

- **Edad:** de 8 a 12 años
- **Número de participantes:** a partir de uno
- **Espacio:** cocina
- **Materiales:**
  - 2 huevos
  - 125 g de azúcar integral

- 150 g de harina
- 1 cucharadita de levadura en polvo
- 125 g de aceite de oliva
- nata montada
- guindas
- 2 cucharaditas de cacao en polvo
- mantequilla
- una tartera de 20 cm

Método: pídele a tu hijo que casque los dos huevos en un cuenco amplio. A continuación debe añadir el cacao en polvo y el azúcar integral, y batir la mezcla hasta conseguir una textura bien cremosa. Cuando la tenga, que vierta también la harina tamizada y la cucharadita de levadura en polvo, y después el aceite. Lo ideal es poder batir esta mezcla final con una batidora eléctrica ya que cuesta un poco hacerlo a mano. Si tenéis una en casa, ayúdale a utilizarla para facilitar el trabajo.

Tras elaborar la masa, debe engrasar con mantequilla una tartera de 20 cm. Cuando esté bien untada, debe echar en ella la masa e introducir la tartera en el horno precalentado a 180 ºC durante una hora. Pídele que pinche con una aguja de hacer punto o con un cuchillo de hoja estrecha para ver si la tarta está bien cocida. La aguja debe salir completamente limpia, si tiene restos debes poner el pastel un ratito más en el horno.

Después ayúdale a sacar el pastel del horno y esperad a que se enfríe. Luego se desmolda y se decora con nata y guindas. Delicioso.

Mousse de limón

La cocina ofrece muchas posibilidades para desarrollar las aptitudes creativas de nuestros pequeños chefs. Tan sólo precisa de tu supervisión y de sus ganas de ponerse el delantal. De entre todas las recetas, los postres son de las que dan más juego a la hora de ponerse un niño delante de los fogones. Este mousse de limón, además, no precisa encender el fuego, con lo que la participación del niño en esta receta es total. Tendréis de postre una creación suya y le hará muy feliz ver cómo os deleitáis con ella.

- **Edad:** de 6 a 12 años
- **Número de participantes:** a partir de uno
- **Espacio:** cocina
- **Materiales:**
  - 3 huevos
  - 1 limón
  - 200 g de queso fresco
  - 100 g de azúcar integral
  - 4 medios albaricoques
  - 1 lima
  - batidora
  - exprimidor
  - 2 cuencos
  - recipientes para la mousse
- **Método:** tras partir los huevos por la mitad, ayúdale a pasar de un lado a otro la yema para separarlos de las claras. También existe un pequeño utensilio de cocina que ayuda en esta tarea.

  Una vez separadas de las yemas, pídele que las ponga en un cuenco y las mezcle con el queso fresco, el zumo de limón y el azúcar integral. Para exprimir el zumo del limón, puede hacerlo en un exprimidor manual o en un robot de cocina, aunque también puede exprimir entre sus manos con fuerza las dos mitades.

  Con la ayuda de una batidora, debe mezclar en otro cuenco las claras que separó al principio de la receta hasta que queden a punto de nieve. Después, las mezcla con la masa que ha hecho antes y las vuelca en los recipientes, que pueden ser vasos de vino o flaneras. Tras pelar los albaricoques, debe poner cada mitad en cada vaso para adornar la mousse. También puede poner, si lo prefiere, una rodaja de lima.

Galletas

Con un poco de tu ayuda, tu hijo puede cocinar unas galletas muy creativas y deliciosas que les encantarán a sus amigos cuando los invite a merendar. Es una receta sencilla que les permite conocer la cocina y disfrutar de la elaboración de un postre que puede acompañar sus desayunos.

- **Edad:** de 5 a 12 años
- **Número de participantes:** a partir de uno
- **Espacio:** cocina
- **Materiales:**
  - 120 g de mantequilla fundida
  - azúcar en polvo
  - 1 huevo
  - 200 g de harina
  - para decorar: pasas, chocolate rallado, fideos de colores, almendras...
  - un cuenco
  - un rodillo
- **Método:** tras protegerle debidamente con un delantal y pedirle que se lave las manos, enséñale a encender el horno. Debe estar a 180 °C durante el tiempo que tardaréis en elaborar estas dulces y divertidas galletas.

A continuación, pídele que mezcle en un cuenco la mantequilla fundida previamente en un cazo, el huevo y el azúcar en polvo. Si no encuentras en la tienda, puedes reducirlo a polvo con la ayuda de un molinillo de café. Sin dejar de mover la mezcla, pídele que añada la harina. Una vez hecha la masa, ponedla encima del mármol y, con la ayuda de un rodillo o de una botella, debe extenderla hasta convertirla en una capa finita.

Y ya puede empezar a recortar galletas con los moldes, o con un cuchillo. Sobre ellas puede poner los ingredientes que más le gusten para decorarlas. Pueden ser fideos de colores, azúcar en polvo, chocolate rallado, pasas, almendras, etc. A medida que las vaya cortando las debe ir poniendo en la bandeja del horno que habréis enharinado previamente. Luego introducís durante media hora la bandeja en el horno y a disfrutar de una deliciosa merienda.

Fruta con chocolate

Las brochetas de fruta y chocolate son muy fáciles de preparar y resulta un postre muy original y atractivo. También pueden constituir una dulce merienda para tus hijos, quienes se comerán la fruta encantados gracias al sabor del chocolate. Toda una experiencia sencilla y sorprendente para pasar un ratito en la cocina junto a tus hijos.

- **Edad:** de 4 a 10 años
- **Número de participantes:** a partir de uno
- **Espacio:** cocina
- **Materiales:**
  - 4 barras de chocolate a la taza
  - fresas, uvas, plátanos, peras, mandarinas...
  - zumo de limón
  - palos de brochetas
  - un cazo
  - una tabla para cortar verduras
- **Método:** la fruta con chocolate es una auténtica delicia, además de un postre o una merienda excepcionales. Y lo mejor de todo es que tus pequeños pueden prepararla casi solos, exceptuando, claro está, el fundido del chocolate.

  La preparación es muy sencilla. Debe protegerse con un delantal y lavarse las manos antes de ponerse, valga la redundancia, manos a al obra. Se puede hacer esta receta con cualquier fruta que les guste. Por ejemplo, fresas, granos de uva o gajos de mandarina en el caso de las frutas pequeñas. O trocear las grandes, como plátanos, peras, naranjas o manzanas. Una vez listas, se ensartan en los palos de brochetas. Se pueden hacer de una sola fruta o combinar varias, jugando con los colores y las texturas. Una vez ensartadas, se rocían con el zumo de un limón recién exprimido para que no se pongan oscuras.

  Mientras ellos preparan todo lo anterior, tú puedes ir deshaciendo el chocolate a la taza. Para ello, corta el chocolate en trozos pequeños y colócalo en un cazo. Pon agua a hervir en un cazo más grande y funde el chocolate al baño maría. Cuando ya esté bien deshecho, indícale a los niños que mojen las brochetas sólo por un lado y las dejen secar apoyadas sobre el lado que no han untado de chocolate. Y ya está.

Experimentos
de ciencias

Fases de la luna

Cuando los niños empiezan a preguntar por qué cambia de forma la luna es el momento ideal para dedicar un rato a hacer este experimento y descubrir jugando las fases de la luna y su relación con el sol y nuestro planeta. Con unos sencillos materiales y un poco de imaginación, podrán hacerse una idea de su lugar dentro de nuestro magnífico sistema solar.

- **Edad:** de 6 a 10 años
- **Número de participantes:** a partir de uno
- **Espacio:** una habitación a oscuras
- **Materiales:**
  - una linterna
  - una pelota de tenis
  - un cordel de unos 20 cm
  - celo
- **Método:** Pídele al niño que pegue el cordel a la pelota con la ayuda de un poco de celo. Luego dile que se sitúe en el centro de la habitación y suba la

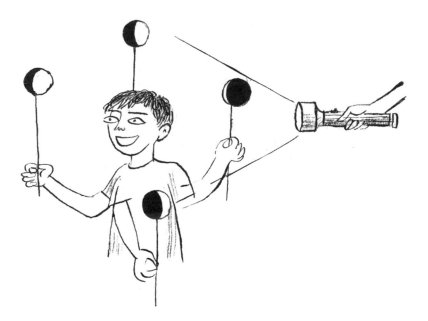

pelota colgando del cordel a la altura de su cabeza. Apaga la luz y enciende la linterna. Alumbra con ella a la pelota mientras tu hijo va girando lentamente sobre sí mismo.

Y así se reproducen las fases de la luna. En este experimento, la pelota representa a la luna, la linterna es el sol y la cabeza del niño es la tierra. El sol siempre ilumina la mitad de la luna y la luna viaja alrededor de la tierra una vez cada mes. Cuando la luna está entre la tierra y el sol, no podemos ver ningún reflejo de luz, a esto le llamamos luna nueva. Cuando la tierra está entre el sol y la luna se puede ver toda la cara de la luna, eso es luna llena.

Con este experimento habréis pasado un buen rato y seguro que le ayudará a estudiar las fases de la luna cuando lo expliquen en la escuela.

Globo mágico

Existen muchas sustancias en el hogar que, mezcladas, producen efectos completamente inesperados. Cuando le muestres a tu hijo lo que es capaz de hacer el bicarbonato mezclado con el vinagre pensará que se trata de un truco de magia, pero en realidad se trata, simplemente, de una reacción química con un resultado sorprendente. A buen seguro que lo convertirá en su truco favorito para las sobremesas familiares.

- **Edad:** de 4 a 10 años
- **Número de participantes:** a partir de uno
- **Espacio:** cualquiera
- **Materiales:**
  - un globo
  - un frasco mediano de cristal transparente con un poco de cuello
  - 4 cucharaditas de bicarbonato
  - vinagre
  - una cucharilla
- **Método:** Dile a tu hijo que llene el frasco de vinagre hasta la mitad. A continuación, puede añadir las cuatro cucharaditas de bicarbonato dentro del globo con la ayuda de un embudo. Después, debe poner la boca del globo encajada en el cuello del vaso a modo de tapa, pero evitando a toda costa que caiga una sola mota de bicarbonato dentro del frasco.
  Una vez que el globo esté bien fijado al cuello del frasco, ayúdale a levantar el globo hacia arriba de forma que caiga de golpe en el vinagre todo el bicarbonato que contiene el globo. Cuando se mezclan ambas sustancias, el vinagre empieza a burbujear y el gas que desprende la reacción química empieza a hinchar el globo. Ese dióxido de carbono es el responsable del proceso, y puede resultar en mayor o menor cantidad en función del bicarbonato que añadáis.

Crear un arco iris

Desde muy pequeños a los niños les fascina el arco iris. Es una de las grandes diversiones en esas raras ocasiones en que se combinan la luz del sol y la lluvia. Seguro que una tarde aburrida se puede llenar de colores si le propones crear su propio arco iris y plasmarlo después en un flamante dibujo. No te quepa duda de que será un truco que, más tarde, empleará tu pequeño para impresionar a sus amigos.

- **Edad:** 3 a 10 años
- **Número de participantes:** a partir de uno
- **Espacio:** cualquiera
- **Materiales:**
  - un vaso de vidrio transparente largo y liso
  - una hoja de papel blanco
  - agua
  - lápices de colores
  - linterna
- **Método:** Este truco de magia, por llamar de alguna manera al ejercicio de física que supone la descomposición de la luz en colores, puede hacerse utilizando la luz natural del sol o la de una linterna.

Lo primero que debe hacer el niño es llenar el vaso de agua hasta un poco más de la mitad de su capacidad. Si decidís hacer el experimento en una tarde sin sol, debéis buscar una habitación de la casa que pueda quedarse completamente a oscuras y proveeros de una linterna.

A continuación, apoya en una pared la hoja blanca, o sostenla tú misma, y coloca el vaso lleno de agua a una distancia de unos veinte centímetros. Con la linterna encendida, pídele al niño que proyecte la luz en el papel pero a través del vaso, para que el foco atraviese el agua que hay en él. Como resultado de la descomposición de la luz de la linterna en el prisma que hace el agua, verá el arco iris reflejado en la hoja de papel. Si no se ve a la primera, mueve un poco la hoja hasta que los colores se materialicen en ella.

Después, puedes pedirle al niño que dibuje en otra hoja el arco iris que se ha creado como recuerdo de este divertido y sencillo experimento de ciencias.

Variante: Si decidís hacerlo una tarde de sol, debéis escoger una ventana bien soleada para que los rayos atraviesen el vaso de agua y se descompongan en el arco iris en el papel.

Ciclo del agua

Aunque esta actividad requiere un poco de paciencia, se puede hacer en dos fases y conseguir que el tiempo pase más deprisa. Puedes iniciar el experimento antes de merendar y comprobar los resultados después de dar buena cuenta de las galletas, o hacerlo antes y después del baño. En cualquier caso, el resultado merece la pena ya que, además de entretenerse, tu hijo conocerá de primera mano uno de los procesos más comunes, pero invisibles, de la naturaleza. Incluso es una buena manera para enseñarles de forma práctica los conceptos de condensación y evaporación.

- **Edad:** de 7 a 10 años
- **Número de participantes:** a partir de uno
- **Espacio:** cualquiera
- **Materiales:**
  - un frasco de cristal con tapa de tamaño mediano y limpio
  - una planta pequeña
  - un tapón de botella de plástico o un vaso pequeñito
  - tierra
  - arena
  - piedras pequeñas

■ **Método:** Ayuda a tu hijo a poner una capa de piedras pequeñas en el fondo del tarro. A continuación, tiene que poner un fina capa de arena y, después debe agregar otra capa de tierra. Debéis aseguraros de que las tres capas cubran menos de la mitad del frasco para garantizar el éxito del experimento.

Una vez dispuestas las tres capas, debe poner encima la plantita y, a su lado, el tapón de botella o el vaso pequeño lleno de agua. Dispuesto todo, debe tapar bien el frasco y ponerlo al sol.

El sol hará que el agua se evapore y se vacíe el vaso. Esa agua evaporada se condensará en la tapa del frasco hasta formar pequeñas gotas, que caerán como lluvia sobre la planta cuando su peso las obligue o resbalarán por las paredes del frasco y mojarán las piedras, arena y tierra, proporcionando el agua que necesita la planta a través de su raíz. Habréis creado una biosfera en miniatura y podréis contemplar el ciclo del agua de principio a fin.

Crear un tornado

La naturaleza es prodigiosa y encierra muchos misterios aún por resolver. Sin embargo, otros ya se conocen y, aunque parezcan cosa de magia, tu hijo puede reproducirlos en tu propia casa. Un ejemplo es el tornado. Con el experimentos que te proponemos a continuación, puedes enseñarle a tu hijo a crearlo y entender las fuerzas que actúan en este fenómeno meteorológico.

■ **Edad:** de 9 a 12 años
■ **Número de participantes:** a partir de uno
■ **Espacio:** cualquiera
■ **Materiales:**
- botella grande de plástico de refresco con su tapón
- agua
- aceite
- pimienta negra
- cuenco

- cuchara
- embudo
- punzón
- papel y lápiz

Método: El niño debe mezclar en un cuenco agua con un poco de aceite. Después, dile que añada un poco de pimienta.

A continuación, que llene un poco más de la mitad de la botella de plástico con agua y añada un poco de la mezcla hasta dejar sólo una cuarta parte del envase libre. Puede ayudarse con un embudo si es necesario.

Tras llenarla, debe hacer un orificio de cinco o seis milímetros de diámetro en la tapa de la botella, colocarlo en la botella y cerrarlo bien.

Para realizar el experimento, debe tapar con el dedo el agujero del tapón para que el agua no se caiga y darle la vuelta a la botella. A continuación, debe hacerla girar sobre sí misma varias veces.

Manteniendo la botella boca abajo, debe levantar el dedo de la tapa y dejar salir el agua. El aceite formará un remolino, o vórtice, y arrastrará las partículas de pimienta que encuentre en su camino. Tu hijo acabará de crear un tornado en la botella.

Conserva una gota de lluvia

Este sorprendente experimento le permite a tu hijo conseguir algo tan increíble como el guardar las gotas de lluvia. Es una magnífica excusa para convertir una fastidiosa tarde lluviosa en todo un descubrimiento científico.

- **Edad:** de 9 a 12 años
- **Número de participantes:** a partir de uno
- **Espacio:** en casa, una tarde de lluvia

Materiales:
- harina
- sartén
- agua de lluvia
- espumadera
- fuente para el horno

Método: Lo primero que necesitáis es, evidentemente, que llueva. Si esto sucede, pídele a tu hijo que cubra el fondo de una sartén con harina hasta una altura de unos dos centímetros. Esta fase le va a encantar, porque a todos nos ha gustado de pequeños jugar con harina, pero las siguientes le van a fascinar.

A continuación, enciende el horno a la temperatura máxima para que se vaya calentando. Abrid una ventana, o salid a la terraza, con la sartén y que el niño la exponga a la lluvia para que caigan gotitas dentro de la superficie enharinada. Cuando las tenga, volved a la cocina y ,con la ayuda de una espumadera o una cuchara de rejilla, pídele que «recoja» las pequeñas bolitas de harina que han creado las gotas de lluvia. Estas gotas debe ponerlas en la fuente para el horno que tú introducirás enseguida en el horno. La temperatura las hará endurecer en pocos minutos y, cuando se enfríen, enseñarán al niño qué forma tienen las gotas de lluvia cuando caen al suelo y su nueva textura le permitirá conservarlas y mostrarlas a sus amigos.

Fabrica tu propio teléfono

El teléfono es uno de los objetos más utilizados hoy en día, sobre todo desde la aparición de los teléfonos móviles. Con este experimento tu hijo se podrá fabricar el suyo propio igual que habíamos hecho de pequeños y comunicarse contigo o con sus amigos como por arte de magia.

Edad: de 6 a 12 años
Número de participantes: a partir de dos
Espacio: cualquiera

■ **Materiales:**
- 2 vasos de yogur de plástico
- papel
- lápices de colores
- un trozo de cuerda o lana
- pegamento

■ **Método:** Se forran los vasos de yogur con un trozo de papel que previamente los niños han decorado. Puede ser con un dibujo libre o coloreando un motivo que tú misma les propongas. Después, practica con la ayuda de un punzón o unas tijeras afiladas un agujero en el centro de la base de los vasos de plástico. En esos agujeros los niños deben anudar el trozo de cuerda o lana de 1 m aproximadamente. Y ya está montado todo el material que compone el teléfono. Ahora los niños ya podrán comunicarse entre ellos o contigo. ¿Cómo? Pues mientras un niño habla por un vaso, el otro escuchará por el segundo. Así de sencillo.

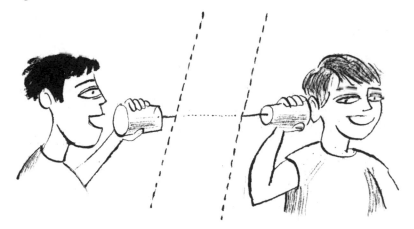

Huevo flotante

Los experimentos de ciencia pueden ser muy complicados, o tan sencillos como éste. Con él podrás enseñar a tu hijo que los objetos flotan con facilidad en el agua salada, pero se hunden en el agua normal. Sencillo y efectivo.

- **Edad:** de 8 a 12 años
- **Número de participantes:** a partir de uno
- **Espacio:** cualquiera
- **Materiales:**
  - un huevo
  - un vaso
  - agua
  - sal
  - una cuchara
- **Método:** Poned agua muy salada hasta la mitad del vaso y, con mucho cuidado, agua normal, de forma que no se mezclen ambas. A continuación, dile a tu hijo que deposite con mucho cuidado el huevo dentro del vaso y podrá comprobar que quedará flotando entre dos aguas. Si le añadís con la ayuda de una caña para beber un poco más de sal al fondo del vaso, el huevo ascenderá hacia arriba. Por el contrario, si lo que echáis es agua normal en la superficie, el huevo se hundirá. Con ello podrás demostrar a tu hijo por qué nos resulta más fácil flotar en el agua del mar que en el de la piscina.

Elabora un queso

Es probable que tu hijo se pregunte alguna vez cómo se elabora el queso, que es sólido, a partir de la leche, de consistencia líquida. Con este experimento podréis imitar el proceso que los granjeros han utilizado para elaborar el queso y tu hijo entenderá cómo puede convertirse la leche en queso.

- **Edad:** de 8 a 12 años
- **Número de participantes:** a partir de uno
- **Espacio:** cocina
- **Materiales:**
  - 1/2 l de leche
  - 1 cucharada de vinagre
  - filtro para café

- 1 frasco de cristal con tapa
- 1 recipiente pequeño

■ **Método:** Primero debéis verter un vaso de leche en el frasco de cristal. A continuación le añadís una cucharada de vinagre y cerráis bien el frasco con la tapa. Pídele a tu hijo que agite con fuerza para que se mezcle todo bien. Obtendrá una mezcla grumosa en la que la leche se ha transformado en líquido y en grumos.

Colocad el filtro de café en el otro recipiente y sujetadlo con una mano para que el filtro no caiga dentro mientras realizas el siguiente paso. Ahora, debéis verter con cuidado la mezcla en el filtro. Debe hacerse despacio y puede que tengáis que verter una parte de la mezcla, esperar a que se filtre y luego añadir el resto.

Finalizado el filtrado, tenéis que juntar con cuidado los dos lados del filtro y exprimir el resto del líquido. Deberán quedar grumos en el filtro. Estrujadlos y... ¡ya tenéis queso! Pero no os lo comáis, que sólo es un experimento.

Equilibrio de tenedores

Este experimento requiere un poco de pericia, pero el resultado parece cosa de un mago y a tu hijo le gustará enseñárselo a sus amigos. Con ayuda del agua podrá mantener en equilibrio algo tan pesado como dos tenedores metálicos, y sin ayuda de nadie.

- ■ **Edad:** de 10 a 12 años
- ■ **Número de participantes:** a partir de uno
- ■ **Espacio:** cualquiera
- ■ **Materiales:**
  - dos tenedores de metal
  - arcilla o pastelina
  - palillo plano
  - vaso de boca ancha
  - agua

■ **Método:** Primero tu hijo debe hacer una bola de arcilla o pastelina del tamaño de una canica grande bien apretada. Luego, dile que introduzca la punta de uno de los tenedores en la bola de arcilla y, a continuación, el otro tenedor formando un ángulo de unos 45 grados respecto al primero. Después debe clavar el palillo plano por debajo de la bola de arcilla situada entre los tenedores. Con esto ya tiene armado el artefacto que pondrá en equilibrio a los tenedores.

Ahora debe colocar el otro extremo del palillo en la base del vaso y desplazarlo por la base del vaso hasta conseguir el equilibrio de los tenedores. Si los tenedores no se equilibran, debe disminuir el ángulo entre ellos y hacer los ajustes necesarios hasta conseguirlo.

Explícale que el motivo de que se consiga el equilibrio de los dos tenedores es, justamente, el ángulo que ha dispuesto entre ambos, que consigue que todo el peso se concentre en el palillo y se mantenga recto. El punto en el que esto sucede es el centro de gravedad del conjunto.

Otros títulos publicados

Juegos cooperativos.

Javier Giraldo.

«¡Mi hijo está gordo!». Sobrepeso y obesidad infantil.

Jordina Casademunt.

«Sí, por favor. ¡Gracias!». Educación y modales para niños.

Claudio Aros (psicólogo).

365 Juegos de todo el mundo.

Carlos Velázquez.

La inteligencia de mi hijo.

Claudio Aros (psicólogo).

Juega, ríe y aprende.

VV.AA.